Tobias Faix
Mentoring

Tobias Faix

Mentoring

Chance für geistliches Leben und Persönlichkeitsprägung

Aussaat Verlag

Hans
meinem Freund und Mentor

Verlagsgesellschaft des Erziehungsvereins mbH,
Neukirchen-Vluyn
Titelgestaltung: Hartmut Namislow
Satz: DTP/Aussaat
Druck: Breklumer Druckerei Manfred Siegel KG
Prited in Germany
ISBN 3-7615-5156-8
Bestellnummer 155 156

Danke

Ich möchte mich ganz herzlich bei Michael Jahnke, Lars Stängle, Deddy Kühlein, Sr. Ute Dumke und Frixe Frick bedanken, die aus den unterschiedlichsten Blickwinkeln das Manuskript gegengelesen und durch wertvolle Anregungen das Buch mitgestaltet haben.

Es gab einmal einen durchschnittlich begabten jungen Mann, der eine Ausbildung in einer Bibelschule absolvierte. Jeden Nachmittag ging er in die benachbarten Moorlandschaften und predigte dort vor den Vögeln, Bäumen, Eidechsen und Fröschen. Eines Tages ging der Direktor der Bibelschule dort spazieren und sah – aber vor allen Dingen hörte – diesen jungen Mann predigen.
Nachdem er ihm eine Weile zugehört hatte, bot er ihm an, einmal gemeinsam mit ihm auf eine Vortragsreise zu gehen. Der junge Mann war natürlich hellauf begeistert. Nach dieser ersten Vortragsreise durfte er mit auf eine zweite und dritte und vierte. Jedes Mal gab der Direktor ihm Schritt für Schritt mehr Möglichkeiten, das zu tun, was er wirklich gut konnte: Alles zu sagen, was ihm unter den Nägeln brannte.
Dieser junge Mann ist heute ein Predigtveteran.
Sein Name ist Billy Graham.
Wer kennt den Namen des Bibelschuldirektors? Ich glaube eher niemand, aber jeder kennt Billy Graham, denn er ist einer der erfolgreichsten und sympathischsten Evangelisten weltweit. Anhand dieser Geschichte siehst du deutlich, was ein Mentor für eine andere Person tun und sein kann.

(aus Paul Donders „Kreative Lebensplanung“, Schulte & Gerth, 177)

Inhaltsverzeichnis

Persönliche Einleitung

In den letzten Jahren habe ich mich intensiv mit Mentoring beschäftigt. Zwei Gründe gaben dafür den Ausschlag: Der Wunsch nach einem Mentor für mein eigenes Leben und die Entdeckung, dass ich für andere Mentor sein kann.
Ein guter Freund hat mich mal gefragt, was ich mir wünschen würde, wenn ich einen Wunsch frei hätte. Ich habe ihm nach kurzer Überlegung geantwortet, dass ich mir einen Mentor wünschen würde, der weise und erfahren ist, der mich versteht und mir in meiner geistlichen und persönlichen Entwicklung weiterhilft, der mich herausfordert, aber auch lobt, bei dem ich so sein kann wie ich bin, aber nicht so bleiben muss. Diesen „perfekten" Mentor habe ich leider noch nicht gefunden, aber der Wunsch nach Mentoring ist seither tief in mir verwurzelt, und ich habe drei verschiedene Mentoren für drei Bereiche meines Lebens, die mir immer wieder helfen, dass ich mich in meiner Persönlichkeit und in meiner Beziehung zu Gott verändere.
Seit über drei Jahren bin ich Jugendpastor in einer Gemeinde und musste schmerzhaft feststellen, dass ich den Jugendlichen mit den normalen Jugendveranstaltungen zwar immer wieder geistliche Impulse geben kann, aber dass sich viele Jugendlichen nach mehr Hilfe für ihren Glauben und ihr Leben sehnen. Dies ist aber im normalen Jugendbetrieb und innerhalb der großen Gruppe kaum möglich. So habe ich mich entschlossen, mit einem Jugendlichen eine Art Mentoringbeziehung einzugehen. Wir haben uns einmal pro Woche für zwei Stunden getroffen und haben zusammen das Buch von Bill Hybels „Aufbruch zur Stille" gelesen. Dabei

stellten wir uns die Frage, was das für unser geistliches Leben und unseren Alltag bedeutet. Bald wurde mir klar, dass dies eine gute Möglichkeit war, aber dass mein Gegenüber in einigen Bereichen seines Lebens große Probleme hatte. Also habe ich allen Mut zusammengenommen und ihn auf ein paar Bereiche angesprochen. Wir haben uns vorgenommen, einen nach dem anderen durchzuarbeiten, angefangen bei der Beziehung zu seinen Eltern, seinem Glauben etc. Das waren zum Teil sehr harte Stunden, und ich war mir nicht immer klar, ob wir jemals ein Ziel in einem Bereich erreichen werden. Doch nach einem halben Jahr kam der erste Durchbruch, eine Veränderung in einem Lebensbereich, gefolgt von einer geistlichen Neubelebung. Dieses Erlebnis werde ich nie vergessen, alle Mühe hatte sich gelohnt und eine Dynamik ergriff unsere Beziehung. Natürlich gab es Rückschläge und Probleme, aber der große Durchbruch war geschafft. Das Schöne war, dass mich seine Eltern in der Gemeinde auf die sichtbar gewordenen Veränderungen in seinem Leben ansprachen und er selbst wieder ganz neu zu leben begann. Parallel dazu begann ich mit weiteren Jugendlichen eine Mentoringbeziehung. Nach eineinhalb Jahren musste ich mir aber eingestehen, dass ich viel zu viel wollte und machte. Vier Mentees gleichzeitig waren zu viel, nicht nur die acht Stunden in der Woche, sondern die Vorbereitung, das Mitleiden und Mitdenken saugte immer mehr Kraft aus mir heraus, auch wenn ich vieles selbst gelernt und zurückbekommen habe. Heute habe ich höchstens zwei Mentees plus eine kleine Gruppe (Gruppenmentoring). Und ich merke, dass mir die Mentorenarbeit sehr viel Spaß macht und eine der wichtigsten Grundlagen für die Jugendlichen in ihrer Entwicklung und für die Jugendarbeit in der Gemeinde ist. Mein Traum ist es, ein Mentorenprogramm zu entwickeln, das generationenübergreifend die ganze Gemeinde erfasst, was aber sicherlich noch einige Zeit braucht. Zuletzt habe ich ein Mentorenprogramm für die Gemeindemitarbeiter entwickelt, das ich gerade einzusetzen versuche. Ich hoffe, dass Gott dazu Gelingen gibt.

Tobias Faix

Was dieses Buch möchte

Mentoring ist zur Zeit in aller Munde, sowohl im säkularen als auch im christlichen Bereich. Und das sicher mit gutem Grund, wie du auch im Laufe des Buches feststellen wirst. Aber, und das sei gleich zu Anfang erwähnt: Mentoring ist kein Allheilmittel, kein kurzes Ausprobieren, kein Instantpaket, auf das man kurz heißes Wasser gießt und dann funktioniert alles. Mentoring ist kontinuierliche Arbeit, die langfristig Früchte trägt, eine Beziehungsarbeit, die Veränderungen sowohl im persönlichen als auch im geistlichen Bereich mit sich bringen kann. Da Grundlage einer Beziehung immer Vertrauen ist, und Mentoring auf Vertrauen aufbaut, soll auch dieses Buch möglichst persönlich und vertrauensvoll gehalten werden. Deshalb nehme ich mir die Freiheit, dich mit du anzureden. Ich hoffe, du hast Verständnis dafür.
Ein Buch über Mentoring ist zur Zeit auf dem christlichen Büchermarkt keine Seltenheit. Trotzdem halte ich dieses Buch für sinnvoll und hilfreich. Das hat unterschiedliche Gründe:

- Dieses Buch ist keine langatmige, theoretische Abhandlung über Mentoring im Allgemeinen und Speziellen, sondern eine Einleitung ins Mentoring, die in der Praxis erprobt wurde.

- Dieses Buch gibt alle wichtigen Informationen und Hilfen, damit du selbst motiviert wirst, Mentoring als Mentor oder Mentee auszuprobieren.
- Im Buch gibt es eine Menge Übungen und Fragen (... Mach mit!), mit denen du dich auseinandersetzen und die du beantworten kannst.
- Dieses Buch ist ein Arbeitsbuch mit theoretischem Fundament und praktischen Übungen für den persönlichen Gebrauch und die Gemeindepraxis.

Mentoring ist ein Modell, um geistliches Leben zu fördern und Persönlichkeit zu prägen, aber es ist nur ein Hilfsmittel wie alle anderen Modelle und Methoden auch. Sie können und sollen einen geistlichen Prozess fördern, sie können helfen, Inhalte zu vermitteln, sind aber mit ihm nicht zu verwechseln! Der Inhalt einer geistlichen Mentoringbeziehung ist das Vertauen auf Gott, den Vater, sowie das Vertrauen zwischen Mentor und Mentee.
So hoffe ich, dass du durch das Lesen und Arbeiten mit diesem Buch inspiriert und herausgefordert wirst, dich auf das „Experiment" Mentoring einzulassen, da ich glaube, dass trotz aller Intensität und allen Schwierigkeiten alle davon profitieren.
Wenn in diesem Buch von Mentor und Mentee die Rede ist, schließt dies selbstverständlich auch die weibliche Form mit ein. Aus Gründen der Lesbarkeit habe ich auf die Schreibweise Mentor/in; sein/ihr etc. verzichtet.

KAPITEL 1
Grundlagen des Mentoring

1. Woher kommt „Mentoring"?

Der Begriff Mentoring kommt eigentlich aus der griechischen Mythologie. Odysseus war auf dem Weg nach Troja und vertraute seinen Sohn Telemachos zu Hause seinem Freund *Mentor* mit den Worten an: „Erzähle ihm alles, was du weißt!". *Mentor* sollte für Telemachos der Begleiter, Führer, Berater und Erzieher sein.
Mentoring beschreibt also eine Beziehung von einem Menschen zu einem anderen, der ihm in seiner Entwicklung hilft, sei es im geistlichen Bereich oder in der Persönlichkeitsentwicklung. Es geht um die Beziehung zwischen Mentor und Mentee. Für Mentee gibt es auch noch andere Begriffe wie Schüler oder Mentoranden; Mentee ist in der gegenwärtigen Literatur aber der am meisten verwendete und meiner Meinung nach auch der treffendste.
Das Wort *Mentoring* klingt für manche vielleicht etwas befremdlich. Dennoch denke ich, dass jeder irgendwann, vielleicht ohne es bewusst wahrzunehmen, verschiedene Mentoren erlebt hat, die ihm in bestimmten Punkten weiterhalfen und ihn prägten. So erinnere ich mich an meinen ersten Jungscharleiter, der meinen Glauben sehr geprägt hat. Zusätzlich zur Jungschar traf ich mich immer Mittwoch nachmittags mit einem weiteren Jungscharler bei ihm im Garten in seinem Wohnwagen, um in der Bibel zu lesen. Meistens

blieb ich den ganzen Nachmittag und half in seiner Autowerkstatt (zumindest hatte ich den Eindruck, dass ich half) und stellte Fragen über Gott und die Welt, die er mir beantwortete. Dazu kamen besonders „coole“ Aktionen, wie in seinem Wohnwagen übernachten, morgens um sechs Uhr im Weiher schwimmen gehen oder lange Waldspaziergänge. Für mich war er Jungscharleiter und Freund, in Wahrheit war er mein erster Mentor, der meinen Glauben und meine Persönlichkeit sehr prägte.

Eine Mentoringbeziehung kann unbewusst ablaufen, aber sie kann auch ganz bewusst eingegangen werden, um sich in verschiedenen Punkten weiterzuentwickeln.

Um solche Mentoringbeziehungen soll es in diesem Buch hauptsächlich gehen. Wir wollen in die Bibel schauen, verschiedene Modelle von Mentoringbeziehungen untersuchen und praktisch fragen, wie solch eine Beziehung als Mentor oder Mentee bei dir aussehen würde.

! ... Mach mit!
Gab es in deinem Leben einen „unbewussten“ Mentor, der dich in irgendeiner Weise positiv geprägt und beeinflusst hat?

2. Warum ist Mentoring zur Zeit so gefragt?

Fast keine christliche Zeitschrift, die in ihren letzten Ausgaben nicht über Mentoring berichtet, kaum ein Verlag, der nicht ein Buch über Mentoring veröffentlicht. Warum boomt Mentoring zur Zeit im säkularen wie auch im christlichen Bereich so stark? Ich denke, dass sich das nicht mit einem Satz oder in einem Punkt erschöpfend beschreiben lässt. Die Hauptursachen liegen im Anbruch eines neuen Zeitalters mit völlig neuen Ansprüchen an uns Menschen. Das vergangene 20. Jahrhundert war das Jahrhundert der Industrie, das die agrarische Zeit des 19. Jahrhunderts abgelöst und mit der technischen Revolution das Leben und Verhalten von uns Menschen drastisch verändert hat. Statt Dorf – Großstadt, statt Pferde – Autos und Flugzeuge, statt Großfamilie – Singlehaushalte, statt Handwerk – große Maschinenparks, statt Brotbacken – Mikrowelle etc. Jeder von uns wird zustimmen, dass diese dramatischen Entwicklungen, die alle Bereiche unseres Lebens betreffen, unser Denken, Handeln und Sein völlig verändert haben. Vor genau solchen Veränderungen stehen wir jetzt wieder. Das industrielle Zeitalter neigt sich dem Ende zu und wir stehen vor dem Zeitalter der Wissensökonomie. Eine amerikanische Studie zeigt, wie sich die Arbeitssituation der westlichen Welt verändert hat. Haben im Jahr 1900 noch 83% der Bevölkerung „körperlich" gearbeitet, waren es 1994 nur noch 38%, und die Tendenz ist stark sinkend. Die Computerbranche und das Management beherrschen den Arbeitsmarkt der Gegenwart und bestimmen unser gegenwärtiges Handeln. Wissen ist heute wichtiger als alles andere. Vorbei sind die Zeiten, in denen man nach der Ausbildung oder spätestens nach der Meisterschule aufgehört hat zu lernen. In Zukunft wird man bis zum Ende seiner Arbeitsfähigkeit ständig dazulernen müssen. Flexibilität, Kreativität, Individualismus, Bildung und Kommunikation heißen die neuen Zauberworte, die sich durch unser Leben ziehen: in der Arbeitwelt (Bildungs-Sponsoring), im Familienleben (Netzwerkfamilie) oder in der Freizeitgestaltung

(Erlebnisgesellschaft). Das Leben wird immer komplexere Züge annehmen und es fällt uns immer schwerer, uns darauf einzustellen. Und die nächste Herausforderung wartet schon vor der bisher verschlossenen Tür: Die Nanotechnik (Gen- und Biotechnologie).

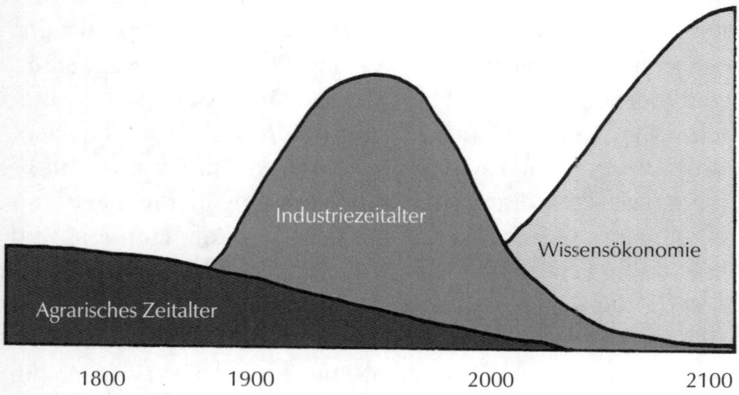

Horx, die acht Sphären der Zukunft

Aber nicht nur die Arbeitswelt verändert sich, sondern auch die Intelligenz (emotionale Intelligenz), die Glaubensformen (Pluralität des Glaubens), unser Bewusstsein (Open Mind) und vieles mehr.
Wer hilft uns, mit dieser veränderten Lebenssituation umzugehen? Wie können wir uns darauf einstellen? Gerade in den boomenden, zukunftsweisenden Berufszweigen wie EDV, Consulting und im Managementbereich spielt Mentoring zunehmend eine große Rolle. Hier hat man erkannt, dass es

nicht mehr reicht, eine gute Wissensbasis zu vermitteln, sondern dass Werte wie Flexibilität, Kreativität, Erfahrung und Führungskompetenz für die Zukunft der Unternehmen lebensnotwendig sind. Aber diese Werte sind nur schlecht aus dem Lehrbuch zu vermitteln, also setzt man wieder auf eine alte Methode der Wertevermittlung und Persönlichkeitsprägung: Mentoring. Über 75% der Betriebe wissen laut einer amerikanischen Umfrage über Mentoring Bescheid und über 40% praktizieren es schon. Dabei haben 94% der Befragten positive Erfahrungen mit Mentoring gemacht. (Quelle: Christopher Rauen, Coaching, Verlag für Angewandte Psychologie)

Im christlichen Bereich ist es ähnlich: Erstens leben wir in einer völlig säkularisieren Welt und müssen uns mit den Veränderungen unser Zeit genauso zurechtfinden wie alle andern Menschen und zweitens haben diese Veränderungen Auswirkungen auf unseren Glauben. Gott bleibt zwar derselbe, egal in welchem Jahrhundert wir leben, aber durch die kulturellen Veränderungen verändert sich unsere Lebenswelt. Unser Lebenshintergrund, unser Wissen, unsere Lebensweise, unsere Probleme und Freuden, all das verändert unsere Beziehung zu Gott. War es vor 20-30 Jahren vor allem wichtig, viel über Gott und die Bibel zu wissen, sich von Andersgläubigen abzugrenzen und Gott und seine Sache zu verteidigen, so geht es heute vielfach darum, Gott zu erleben, ihn zu spüren und seine Gegenwart zu erleben. In diesen zwei Glaubensformen prallen zwei völlig gegensätzlich geprägte Generationen aufeinander, was zwangsläufig zu Konflikten führt. Es geht hier gar nicht um eine Wertung, was besser oder richtiger ist, sonder nur um eine Richtungsänderung aufgrund von gesellschaftlichen Umbrüchen innerhalb unseres Glaubenslebens. Diese Veränderungen wird es immer geben und wir werden uns ihnen nicht entziehen können.

Besondere Aufmerksamkeit in dieser Situation verdienen die Jugendlichen. Sie sind die Vorreiter des gesellschaftlichen Umbruchs und zugleich Spiegelbild einer sich immer schneller verändernden Lebenswelt für die ganze Gesellschaft. In der Jugendkultur spiegelt sich sozusagen prophetisch unsere Gesellschaft wider. Deshalb gehe ich auf die komplexe Lebenswelt der Jugendlichen im nächsten Punkt kurz ein. Im Hintergrund steht dabei die Frage: Warum sehnen sich viele Jugendlichen nach einem Mentor?

3. Die komplexe Lebenswelt der Jugendlichen

Jugendliche wachsen heute in einer Umgebung der Optionen auf. Sie haben mehr Wahlmöglichkeiten als irgendeine Generation vor ihnen. Niemals zuvor in der Geschichte gab es so viele verschiedene Trends, eine so große Vielfalt an Angeboten, aus denen die Jugend auswählen kann, sogar muss. Nie gab es so viel Subkulturen und einen so unbeständigen „Mainstream“ wie in den 90er Jahren. Weder in den 70er noch in den 80er Jahren gab es eine solche Flut von verschiedenen Strömungen, und nie zuvor waren diese Strömungen so schnelllebig und unbeständig wie heute. Niemals waren die Jugendlichen so hin– und hergerissen in ihren Entscheidungen wie in den 90er Jahren. Es wird ihnen nichts mehr vorgegeben, es ergeben sich selten Dinge zwangsläufig wie beispielsweise die Schule. Fast überall haben die Jugendlichen die Freiheit, unter vielen verschiedenen Möglichkeiten auszuwählen. Die Medien werben mit schillernden Bildern und ansprechenden Texten für die besten Lebenserleichterungen und unterstützen jeden Trend, der nur annähernd verspricht, Profit abzuwerfen. Gab es früher drei Fernsehprogramme, gibt es heute bis zu 48! Gab es früher zwei oder drei Jugendmagazine, so gibt es heute für jede Subkultur gleich mehrere. Was soll ich anziehen? Eine banale Frage, die beim heutigen „Markenkult" für viele Jugendliche zur Identitätsfrage wird. Was ist gerade im Trend? Welches Computerspiel ist im Moment „in"? Welche CDs sind in den Charts? Welche Berufe haben Zukunft? Wie kann ich in all diesen verschiedenen Trends, Strömungen und Angeboten meine eigene Identität finden?

Diese und viele andere Fragen kommen zur normalen Entwicklung der Jugendlichen hinzu[1] und machen das Leben für Jugendliche immer komplexer und zwar in allen Lebensbereichen. Komplexität wird zu einem Gefühl, man kann sogar sagen: zu einem Lebensgefühl. Man spricht in diesem Zusammenhang auch von der „Kultur der Wahl". Es gibt eine Unmenge neuer Trends und Erscheinungsformen, die entdeckt und ausprobiert werden müssen. Jeder Jugendliche hat heute mehr Optionen als irgendein Jugendlicher vor ihm. Es wird immer schwerer, die eigene Identität zu finden und Verantwortung zu übernehmen. Dieser Konflikt, den die Jugendlichen erleben, ist für viele Erwachsene nicht nachvollziehbar. Für viele Erwachsene ist die komplexe Lebenswelt der Jugendlichen nicht fassbar. Sie können die damit verbundenen Konflikte in keiner Weise verstehen und sehen nur das Positive, nämlich die Wahlmöglichkeit, die sie nie hatten. Die Eltern, in ihrer eigenen Jugend von der Wirtschaftswunderzeit geprägt, leistungs- und erfolgsorientiert, wollen ihren Kindern helfen. Doch diese wollen von ihren Eltern keine Hilfe. Im Gegenteil, die Jugend macht die vorherige Generation für den ökologischen und ökonomischen Zustand unseres Landes verantwortlich. Und viele Jugendliche sind nicht bereit, sich zu engagieren, wenn es darum geht, den „Karren wieder aus dem Dreck zu ziehen". Jugendliche sind hervorragende Beobachter, sie sehen die zerstörten Ehen ihrer Eltern, die Staatsverschuldung, die Umweltverschmutzung, die Unehrlichkeit vieler öffentlicher Personen und vieles mehr. Viele Jugendliche fühlen sich von der Generation ihrer Eltern missverstanden und viele Eltern geben ihren Kindern gute Ratschläge und verstehen nicht, warum ihre Kinder sich gegen diese vehement zur Wehr setzen. Dieser Generationskonflikt des gegenseitigen „Nicht-Verstehens" durchzieht nahezu alle gesellschaftlichen Institutionen wie Familie, Schule und Arbeitsplatz bis hin zu Kirchen und Vereinen.

Gerade in dieser Situation suchen viele Jugendliche Menschen, denen sie vertrauen können, die ihnen helfen, in dieser komplexen Situation den Überblick zu behalten und mit ihnen ihren eigenen Weg suchen. Ein Mentor kann in solch einer entscheidenden Lebensphase die ganze Zukunft positiv mitprägen, ohne dass er dem Jugendlichen die Entscheidungen abnimmt.

Jugendliche sehen sich selbst in einer Maschinerie, aus der es kaum ein Entrinnen mehr gibt. Es ist nicht nur so, dass die Wahlmöglichkeiten fast unbegrenzt sind, viele Wahlmöglichkeiten sind auf dem zweiten Blick gar nicht so offen, wie dies von der Öffentlichkeit proklamiert wird. Dies zeigt das Beispiel Arbeitsplatz. Den Jugendlichen wird suggeriert, dass ihnen alle Arbeitsplätze offen stehen, dies ist aber nicht so. Die Einstellung erfolgt immer noch nach sozialer Herkunft, Leistungsnachweis und Bildungsstand. Dazu kommen die Zukunftsperspektiven, die manche Arbeitsplätze haben oder auch nicht. Die Kriterien engen die Wahlmöglichkeiten bis auf ein Minimum ein. „Aber" und „Problem" sind die Keywörter der Alltagskultur vieler Jugendlicher geworden.[2] Die Jugend wächst in einer großen Spannung auf. Auf der einen

Seite wird ihr gesagt, dass es noch nie so viele Möglichkeiten gab, sich zu entwickeln, noch nie hatten Jugendliche so viel Geld zur Verfügung, noch nie waren sie so gut informiert wie in den 90er Jahren. Auf der anderen Seite hat die Sache ein „*Aber*", einen Haken, einen „Zeigefinger", der sagt: „Entwickle deine Begabungen, aber denk an den Arbeitsplatz. Konsumiere, *aber* denk an die Umwelt. Leb deine Sexualität, *aber* denk an Aids. Tu was du willst, *aber* denk dran!"

Mentoring bedeutet, den Umgang mit der „Freiheit" lernen, es ist kein moralischer Zwang. Jugendliche müssen gerade in solch einer Zweierschaft neue Freiräume für sich entdecken. Das ist eine von vielen Möglichkeiten, die das Mentoring bieten kann.

Das eben Genannte wird durch ein paar Fakten und Zahlen der neuesten Shellstudie 2000 unterstützt.

Ein großer Frageblock der Shellstudie betrifft die Wertesituation der Jugendlichen. Welche Werte sind Jugendlichen wichtig? Welche Werte brauchen sie überhaupt in einer sich immer schneller verändernden Welt? Welche traditionellen Werte lehnen sie ab? Haben wir eine Werteinflation? In diesen und vielen anderen Fragen wurde den Jugendlichen auf den „Zahn" gefühlt. Das Ergebnis ist eindeutig: Die Werte-Eckpfeiler der Nachkriegszeit und der Alt-68er sind in einer Wohlstands- und Fortschrittsgesellschaft nicht mehr hilfreich für die Jugendlichen. In einer Zeit, in der nicht mehr klar ist, was „rechts" und was „links", was „gut" und was „böse" ist, kommen alte Wertemuster zusehends ins Wanken und neue Werte sind in unserer modernen Dienstleistungs- und Mediengesellschaft gefragt. So sehen sich viele Jugendlichen zwischen Mobilität und Heimatverbundenheit, zwischen Durchsetzungsvermögen und Arbeitnehmersolidarität, zwischen Kreativität und Disziplin! So stellt die Shellstudie auch zu Recht fest:

Tatsächlich stellt unsere Welt der globalisierten Märkte, der gewandelten Familienstrukturen und der technologischen Revolutionen vieles auf die Probe, was bisher da war und als sicher galt. Angesichts lebenslangen Lernens, Umlernens, gehäufter Erwerbsunterbrechungen, angesichts rasanter Innovations-Geschwindigkeiten im Hightech– und Kommunikationsbereich, angesichts der immer kürzeren Halbwertszeiten für Ruhm, Publizität und Geistesideen scheinen Zeiten stabiler Leitbilder und homogener Wertstrukturen vorbei zu sein.
In dieser vom gesellschaftlichen Umbruch geprägten Zeit ist es nicht verwunderlich, dass sich Jugendliche bei ihrer Wertsetzung vorwiegend an sich selbst orientieren. Werte wie die eigene Autonomie, Berufsorientierung, Familienorientierung oder Menschlichkeit stehen ganz oben auf der Werteskala.

Die acht wichtigsten Wertedimensionen der Jugendlichen sind:

Autonomie	24,6 %
Berufsorientierung	24,3 %
Familienorientierung	24,1 %
Menschlichkeit	22,2 %
Attraktivität	21,9 %
Authentizität	21,5 %
Selbstmanagement	20,1 %
Modernität	18,7 %

Diese Werte sind nicht nur für die Jugendlichen selbst von großer Wichtigkeit, sondern auch für evtl. Mentoren dieser Jugendlichen. Der Mentor hat nicht die primäre Aufgabe, den Jugendlichen die eigenen Werte aufzudrängen, sondern ihnen zu helfen, ihre eigenen Werte zu finden und zu leben. Und Jugendliche suchen solche Menschen, die ihnen helfen, ihr Leben zu gestalten, ihnen Orientierung und Schutz bieten. Dies zeigt ein Vergleich der Shellstudie von 1984 und 2000 im Bezug auf Vertrauenspersonen:

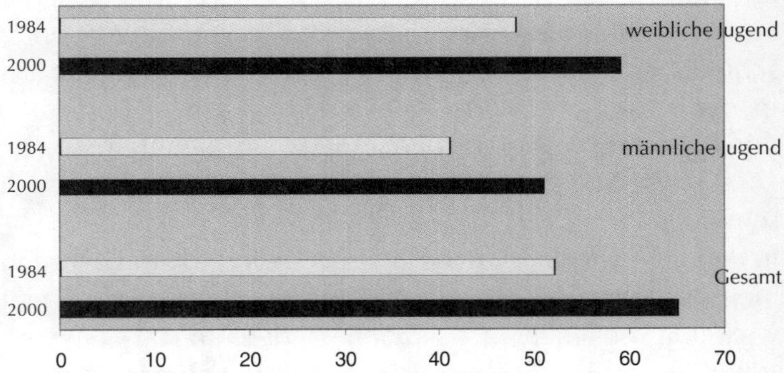

Vergleich der Umfragen von 1984-2000 nach Vertrauenspersonen mit der man über alles sprechen kann:

Die Ergebnisse zeigen deutlich den vermehrten Wunsch nach Vertrauenspersonen, mit denen man über alles reden kann, ohne gleich den moralischen Zeigefinger zu sehen. Im Vergleich mit der Situation vor 15 Jahren haben heute also deutlich mehr Jugendliche eine Vertrauensperson, dies ist unter anderem eine Folge der komplexen Lebenswelt, in der sich Jugendliche heute zurecht finden müssen.

! ... Mach mit!
Wem vertrauen die Teenager und Jugendlichen, die du kennst, am meisten?

4. Mentoring im säkularen Bereich

Wie so oft wurde Mentoring zuerst von amerikanischen Großkonzernen wiederentdeckt. Ich sage bewusst wiederentdeckt, da es Mentoring schon seit Jahrhunderten in unterschiedlichen Formen und Kulturen gibt. Mentoring hat sich in der westlichen Wirtschaft und teilweise in der Politik durchgesetzt, wobei Frauen einen natürlicheren Zugang zum Mentoring haben. Männer tun sich erfahrungsgemäß schwerer.

In den USA wurde Mitte der 70er Jahre in großen Unternehmen die zentrale Rolle des Mentoring in der Laufbahnentwicklung von Nachwuchskräften wiederentdeckt.[3] Einer der Väter dieser Entdeckung war der Unternehmer Max von Dach. Er beeinflusste mehrere Generationen von Managern auf dem Gebiet des Mentoring. Der wachsende Erfolg einiger Unternehmen in diesem Bereich der Managementförderung führte dazu, dass immer mehr große Unternehmen ihre Manager im Bereich der Personalentwicklung in ein Mentorenprogramm einbanden. In den 90er Jahren wurde dieses Prinzip, das vor allem junge Manager förderte, auch in Deutschland immer populärer und ist mittlerweile immer öfter Bestandteil der Ausbildung.

Sicher ist, dass man einiges aus den Erfahrungen und Konzepten aus der Wirtschaft, Bildung und dem Managementbereich lernen kann. Aber es wäre fatal, einfach alles zu übernehmen und auf Mentoring im geistlichen Bereich zu übertragen, da die Zielsetzung zum Teil eine andere ist. Sicher ist es hilfreich, manche Methoden und Konzepte zu übernehmen, die dazu beitragen, eine geistliche Zielsetzung zu realisieren.

5. Begründung von Mentoring?

Ausbildung in den letzten Jahrzehnten hieß vor allem Ausbildung in Schulen, Universitäten und Lehrbetrieben. Dabei wird vor allem Wissen vermittelt. Der Vermittler dieses Wissens steht eher im Hintergrund, das Wissen ist weitgehend losgelöst von der Form, in der es vermittelt wird. Der Grund dafür liegt vor allem in der Distanz zwischen Vermittler und Zuhörer. Es besteht keine persönliche Ebene, auf der eine eigene Meinung und Persönlichkeit vermittelt werden kann. So gibt es zwischen Vermittler und Lernenden eine sehr große Lücke. Dazu kommt, dass in jeder Ausbildung sehr viel über das Medium Buch oder Computer (Internet) gelernt wird, was für die reine Wissensvermittlung von großem Vorteil ist, aber für die Persönlichkeitsentwicklung nicht gerade förderlich wirkt. In vielen Jahrhunderten vorher war dies anders: Meister und Lehrer hatten ihre Schüler, die mit ihnen umherzogen und von ihnen lernten, dabei ging es nicht nur um Wissen, sondern auch um die Umsetzung dieses Wissens in der Praxis und um eine eigene Persönlichkeitsentwicklung des Lernenden.

Dazu kommt, dass unser Bildungssystem sich völlig verändern wird und sich der neuen Ökonomie anpassen muss. Durch das ständige Weiterbilden und die rasante Entwicklung von Wissen auf fast allen Gebieten spricht man heute von „Lernenden Lehrern". Lehrer werden Schüler ausbilden und selbst von den Schülern lernen. Die Zeit des Frontalunterrichts wird vergehen, und Schüler müssen lernen, ihren eigenen Lernprozess voranzutreiben, wobei der Lehrer mehr den „Hebammenjob" hat. Das Ziel wird sein, dass die Klassen kleiner werden und die Lehrer sich intensiver und umfassender um wenige Schüler kümmern. Eine Art Mentoring im Kleingruppenbereich. Es wird sich zeigen, ob so etwas fi-

nanziell umsetzbar ist, oder ob es, wie momentan, nur einer kleinen Elite zur Verfügung steht. Mentoring wird aber im Bildungssystem eine immer größere Bedeutung bekommen (so sind große Konzerne immer öfter bereit, in ein Zusammenspiel zwischen Wirtschaft und Studium mit Mentoren zu investieren).
Folgendes Schaubild soll die Veränderungen im Bildungsbereich verdeutlichen:

Alte Pädagogik	Lernen im 21. Jahrhundert
· Schule als Institution	· Schule als lernendes Unternehmen
· frontal	· dezentral
· „Lehrstoff“ als Ziel	· Handlung als Ziel
· Lehrer als „Stoffvermittler“	· Lehrer als Mitlernender
· Schule als Insel im ökonomischen Umfeld	· Schule als „mixed-economy“
· Ideales Menschenbild: „Du sollst werden wie...“	· Plurales Menschenbild: „Du kannst werden wer Du bist...“

Vergleich Alte Pädagogik / Lernen im 21. Jahrhundert (Quelle: Matthias Horx, Die acht Sphären der Zukunft)

Im modernen Managementbereich spricht man von drei Schlüsselqualifikationen, die ein Manager braucht, um erfolgreich zu sein:

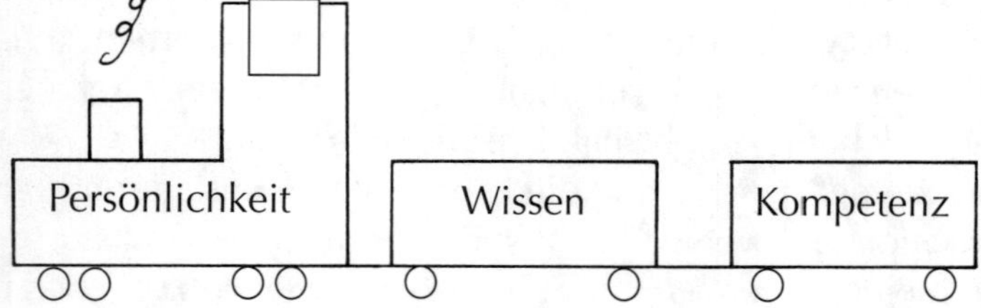

Dabei geht man davon aus, dass 70% Persönlichkeit und 30% Wissen und Kompetenz für die Führungsverantwortung der Zukunft gefragt sein werden. Entscheidend ist nicht das Volumen, sondern die Relevanz und Anwendbarkeit des Wissens. Da aber genau in diesem Bereich die größten Defizite bei den jungen Mitarbeitern liegen und diese bei der Ausbildung / dem Studium kaum verbessert werden, legen immer mehr Ausbildungsstätten einen gesteigerten Wert auf Mentoring, um aus Wissen Kompetenz werden zu lassen. So beschreibt *Günther Würfele* in seinem Buch „Lernende Elite" die Anforderungen an einen Mitarbeiter der Zukunft wie folgt:
„Der Mitarbeiter der Zukunft wird sehr viel mehr als bisher Verantwortung für ein eigenes Konzept des lebenslangen Lernens tragen. Das Unternehmen wird ihm dabei helfen. Das kann nicht nur durch die dafür zuständigen Abteilungen geschehen. Führungskräfte aller Ebenen werden daran gemessen werden, wie gut sie diesen Prozess unterstützen. Das erkennt man meist daran, wie häufig einer ihrer Mitarbeiter in Projektgruppen mitarbeitet, höher qualifizierte fachliche Jobs oder weitergehende Führungsverantwortung übernimmt. Unterstützung der Mitarbeiterförderung ist Chefsache. Mitarbeiterförderung im Sinne des Förderns und Forderns zielt auf die Schwerpunkte: das Lernen lernen. Lernen als Zuwachs an Lernfähigkeit und veränderte Lerneinstellung. Integration von beruflicher und privat-persönlicher Entwicklung. Die Balance zwischen Eigenverantwortung und Gesamtverantwortung des Unternehmens im Rahmen der ganzheitlichen Verantwortungsfelder als neue Dimension des Lernens."

Durch die steigenden Anforderungen im heutigen Berufsleben und durch die immer komplexere Lebenswelt, in der wir

aufwachsen und leben, ist eine Lücke entstanden zwischen Lehrenden und Lernenden. Diese versucht man mit Hilfe von Mentoring wieder zu schließen.
Aber diese Beobachtungen werden nicht nur von Unternehmern und Managern, sondern auch im christlichen Bereich gemacht. Gerade in führenden Positionen gibt es im christlichen Bereich ein Vakuum. Deshalb versucht man, durch neue Organisationen und Wege die Prinzipien des Mentoring anzuwenden. Auch in christlichen Gemeinden gibt es erste Versuche, geistliche Impulse und Prägungen durch Mentoren an die jüngere Generation weiterzugeben. Aber oft scheitert es daran, dass es kaum geistliche Leiter gibt, die sich als Mentoren verstehen und junge Leute mit in ihre Arbeit hineinnehmen. Dazu kommt ein großer Generationskonflikt, der ein Zusammenarbeiten zwischen Leuten im Alter von 40 bis 60 Jahre und der jüngeren Generation im Alter um 15 bis 29 Jahre sehr schwierig macht.

6. Mentoring in der Bibel

In der Bibel gibt es eine Fülle von Beispielen, in denen Gott junge Menschen, die er für seinen Dienst gebrauchen wollte, in eine Mentorenbeziehung stellte. Dort sollten sie sowohl im geistlichen als auch im persönlichen Bereich wachsen und für ihren späteren Dienst vorbereitet werden. Einige Beispiele sollen das zeigen:

6.1 Mose und Josua

Mose begleitete Josua über 40 Jahre vom Auszug aus Ägypten bis zu seinem Tod. Josua wurde der Co-Leader von Mose und stand zwischen Mose und dem Volk (vgl. 2. Mose 32, 15-18). Gott selbst bestimmte, dass Josua der Nachfolger von Mose werden sollte und jener bekam den Auftrag, ihm für diese Aufgabe die nötige Unterweisung zu geben:

> *„Aber Josua, der Sohn Nuns, der dein Diener ist, der soll herkommen. Dem stärke den Mut; denn er soll Israel das Erbe austeilen.“ (5. Mose 1,38)*

Josua reifte in dieser Zeit zu einem geistlichen Leiter heran, der das Volk Israel in das versprochene Land führte. Interessant ist, dass Gott selbst Josua als Mentee für Mose aussucht. Gott sagt Mose nicht nur, wen er aussuchen soll, sondern auch, wie er es machen soll und was das Ziel dieser Aufgabe ist, nämlich Israel später zu führen.

6.2 Elia und Elisa

Ähnlich war es bei Elia und Elisa. Es ist zwar nicht genau bekannt, wie lange Elisa Diener und Schüler von Elia war, aber es war so lange, dass zwischen beiden ein großes Vertrauensverhältnis gewachsen war (vgl. 2. Könige 2,1-18). Dieses Verhältnis zwischen Elia und Elisa war so intensiv, dass Elisa Elia sogar Vater nannte:

> *„Mein Vater, mein Vater, du warst Israels Streitwagen und sein Lenker.“ (2. Könige 1,12 Gute Nachricht)*

Nicht nur deshalb wurde Elisa zum Nachfolger von Elia und bekam von Gott den Geist mit der Vollmacht Elias. Hier werden schon zwei Ebenen des Mentoring deutlich, die bis heute eine große Rolle spielen: zum einen die persönliche Ebene: Elisa nennt Elia Vater. Hier wird eine enge emotionale

Beziehung zwischen den beiden deutlich, die in der Zeit ihrer Mentorenschaft gewachsen ist. Zum anderen wird gleichzeitig der Respekt von Elisa zu Elia deutlich, indem er ihn Streitwagen und Lenker Israels nennt. Elisa weiß um die Vollmacht und Größe seines Mentors, er sieht in ihm einen großen Gottesmann, vor dem er Achtung und Respekt hat. Diese zwei Ebenen innerhalb einer Mentorenbeziehung gehören zusammen und ergeben eine Basis, auf der viel aufgebaut werden kann.

6.3 Jesus und seine Jünger

Jesus war für seine Jünger der ideale Mentor. Er lebte mit ihnen zusammen, sie zogen drei Jahre durch Israel und die Jünger lernten Schritt für Schritt, was Jesus ihnen über das Reich Gottes mitteilte. Sie schauten ihm „über die Schulter" bei seinen Reden und seinen Wundern, sie durften mithelfen und kleinere Aufgaben selbst übernehmen (Mt 14,13-21: Speisung der 5000), dann gab es Kurzpraktika, in denen sie das Gelernte in eigener Verantwortung in die Praxis umsetzen konnten (Lk 9,1-6: Aussendung der 12 Jünger). Jesus ging auf ihre Fragen ein (Lk 11,1-13), hatte Geduld bei ihrem Unverständnis, lehrte sie (Mt 5-7) und schlichtete ihren Streit (Lk 22,24-30). Er nahm Einzelne beiseite, hatte Zeit für sie und half ihnen, den richtigen Weg zu finden (Joh 20,24-31).

> *„Kein Schüler steht über seinem Lehrer.*
> *Und wenn er ausgelernt hat, soll er wie sein*
> *Lehrer sein." (Jesus Christus, Lk 6,40)*

Von Jesus kannst du sicherlich am meisten lernen, was es heißt, Mentor zu sein. Deshalb möchte ich darauf gesondert eingehen (vgl. Punkt 7). Was bei dem gerade zitierten Vers auffällt, ist die Zielsetzung bei Jesus: Er lehrt seine Schüler nicht irgendwas und irgendwann, sondern er hat ein klares Ziel: Die Schüler sollen so werden wie ihr Lehrer. Sicherlich ein hoher Anspruch, aber mit dem klaren Ziel vor Augen und drei Jahren Zeit, versucht Jesus seine Schüler zu lehren und ihnen sein Leben selbst vorzuleben. Dabei lässt er sich von vielen Rückschlägen nicht aus der Ruhe bringen, sondern hält an seinem Ziel fest. Interessant ist bei diesem Gedanken auch, dass Jesus selbst das Ziel und das Ergebnis nicht mehr miterlebt, zumindest in seiner Zeit auf Erden. Er verlässt die Jünger, und erst durch seinen Heiligen Geist verstehen und erinnern sich die Jünger an ihre drei Lehrjahre und können das Gelernte eindrucksvoll umsetzen.

6.4 Barnabas und Paulus

Die Mentorengeschichte von Barnabas und Paulus ist eine ganz besondere. Barnabas kümmerte sich um den frisch bekehrten Saulus in einer Zeit, als sich die Christen vor ihm fürchteten und die Juden ihn töten wollten. Barnabas nahm Paulus bei sich auf und brachte ihn nach Jerusalem zu den Aposteln. Danach trennten sich ihre Wege, bevor Jahre später Barnabas nach Tarsus zog, um Paulus zu suchen.

> *„Barnabas aber zog aus nach Tarsus,*
> *Saulus zu suchen.“* (Apg 11,25)

Zusammen gingen sie nach Antiochia und blieben ein Jahr dort. Nach kurzem Aufenthalt in Jerusalem starteten sie von Antiochia zusammen zur ersten Missionsreise. Barnabas war als Prophet und Lehrer unter den Christen der damaligen Zeit hoch angesehen, Paulus nach seiner Bekehrung ein Unsicherheitsfaktor. Barnabas kümmerte sich um Paulus und lehrte ihn. Auch wenn es in ihrer Beziehung manchmal Spannungen gab, hatten beide einen großen Einfluss auf die erste Christenheit.

Ein Kennzeichen eines Mentoren ist, dass er einen „Blick" für Mentees hat. Barnabas suchte Saulus. Er hat sich an Saulus erinnert, hat sein Potenzial erkannt und hat sich auf den Weg gemacht. Keine Mühe war zu groß, er wusste, es lohnt sich. Ein Mentor muss sich sein Mentee manchmal suchen, Gott bitten, dass er den findet, dem er wirklich helfen und den er fördern kann.

6.5 Paulus und Timotheus

Paulus wiederum war Mentor für Timotheus. Er suchte sich den jungen Timotheus aus und nahm ihn mit auf die zweite Missionsreise. Über das fast väterliche Verhältnis zwischen Paulus und Timotheus geben die zwei Timotheusbriefe ausreichend Auskunft. In ihnen werden viele Punkte für ein gutes Mentoring angesprochen.

> *„Du aber bleibe bei dem, was du gelernt hast*
> *und was dir anvertraut ist, du weißt ja,*
> *von wem du gelernt hast." (2 Tim 3,14)*

Eine Mentorenbeziehung kann sich über einen bestimmten Zeitraum erstrecken (wie bei Jesus und seinen Jüngern) oder über eine unbestimmte Zeit, wie es bei Paulus und Timotheus war. Timotheus hat eine Menge von seinem Mentor Paulus gelernt, arbeitete mittlerweile selbständig, die Mentorenbeziehung hat sich über die Jahre verändert, aber sie besteht immer noch, nur auf einer anderen Ebene. Paulus pflegt den Kontakt zu Timotheus, jetzt muss er ihn nicht mehr alles neu lehren, aber er erinnert Timotheus an das, was er von ihm gelernt hat. Sie haben zusammen viel erlebt und Paulus hat Timotheus viel gelehrt, daran soll sich Timotheus besonders in schwierigen Situationen erinnern.

6.6 Paulus als Vorbild

Mentor zu sein bedeutet auch, Vorbild zu sein. Dessen war sich Paulus bewusst und hat dies auch mehrfach betont. Die bekannteste Stelle ist sicherlich die aus dem 1. Korintherbrief:

> *„Folgt meinem Beispiel, wie ich dem Beispiel Christi!" (1Kor 11,1)*

Das Entscheidende ist nicht nur, Vorbild zu sein, sondern auch selbst ein Vorbild zu haben. Paulus orientiert sich an Christus, und die Korinther sollen sich an Paulus orientieren. Trotzdem fällt es vielen heute schwer, sich selbst als Vorbild zu sehen, zumindest geht es mir so. Ich glaube aber, dass es darum geht, dass man im ganz normalen Alltagsleben ein Vorbild *ist* und nicht nur darüber redet. Die Korinther, neu im Glauben, brauchen Anschauungsunterricht in Sachen Glauben. Den finden sie in der Person und im Vorbild des Paulus. Er ist für sie da, lebt ihnen vor, was Glauben heißt. Auch über eine große Entfernung ist er für sie da, ermutigt und kritisiert sie. Das kann er aber nur tun, weil es eine Beziehung zwischen ihm und den Korinthern gibt. Es herrscht ein Vertrauensverhältnis, auf das er aufbauen kann.

6.7 Mentorenschaft als Multiplikator

Bei Christus, Paulus und den Korinthern ist es schon angeklungen: Mentorenschaft bedeutet immer auch Weitergabe. Jesus hat es gesagt: Ein Schüler hat das Ziel, auch Lehrer zu werden und selbst wieder Schüler zu haben. Hier kommen wir an einen sehr wichtigen Punkt des Mentoring: Multiplikation.

Paulus beschreibt genau diese Multiplikation seinem Mentee Timotheus und beauftragt ihn:

„Und was du von mir gehört hast vor vielen Zeugen, das befiehl treuen Menschen an, die tüchtig sind, auch andere zu lehren.“ (2Tim. 2,2)

Der Mentor gibt seine Erfahrung und Weisheit an den Mentee weiter, dieser wächst und kommt selbst an den Punkt, an dem er seine Erfahrungen wieder an einen neuen Mentee weitergibt. So wird aus einem Mentee ein Mentor. Dies sollte sich so oft wie möglich wiederholen. Wenn ein Mentee zum Mentor wird und selbst einen Mentee hat, bedeutet dies aber nicht, dass er seinen alten Mentor aufgibt. Er kann sowohl Mentor als auch Mentee sein. Dies ist sicherlich ein erstrebenswertester Punkt im Bereich des Mentoring. Was daraus werden kann, soll am Beispiel von Barnabas in der folgenden Skizze verdeutlicht werden:

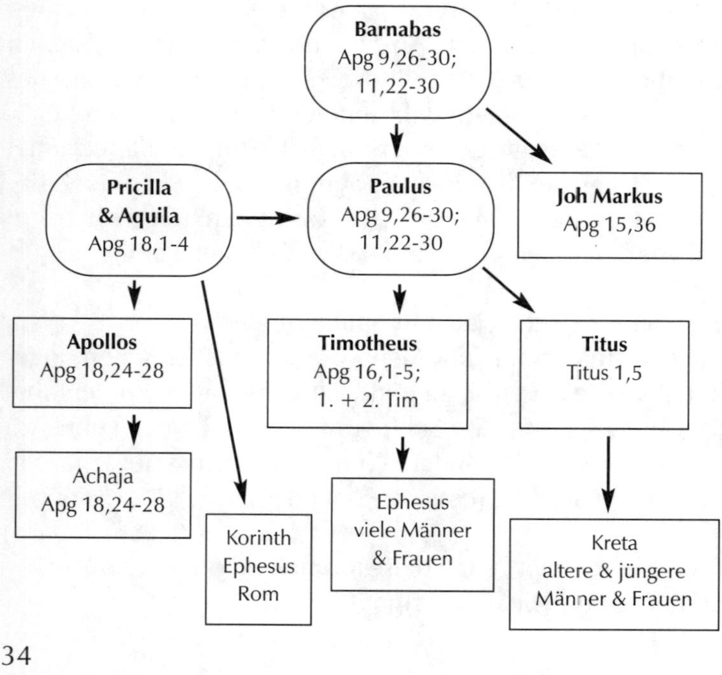

7. Lernen von Jesus als Mentor

Jesu Umgang mit seinen Nachfolgern lässt sich mit den Worten „Leidenschaft und Methode" zusammenfassen. Seine Leidenschaft war gekennzeichnet durch seine Liebe und seine Hingabe, seine Methode durch die Art, wie er mit seinen Nachfolgern umging, sich um sie kümmerte und sie förderte. Und das Vorgehen Jesu hatte zweifelsohne Methode: Jesus hatte viele Nachfolger, einen großen Kreis von 70 Jüngern, einen kleinen Kreis von 12 Jüngern, einen engen Kreis von drei Jüngern (Jakobus, Johannes, Petrus) und eine Beziehung zu einzelnen Jüngern (Petrus). Je enger der Kreis wurde, desto intensiver wurde die Beziehung, die Jesus mit den einzelnen hatte. Über die Begegnungen von Petrus und Jesus alleine ließe sich viel sagen, da sie eine besondere Intensität hatte (zum Beispiel: das Bekenntnis von Petrus und die Aussage Jesu, dass er auf Petrus seine Gemeinde bauen möchte, Petrus' Verleugnung und Jesu dreifache Frage: Hast du mich lieb? etc.). Für Jesus war die Zeit mit seinen Nachfolgern sehr wichtig, besonders die Zeit mit seinen Jüngern. Vom Moment ihrer Berufung bis zu ihrer Aussendung lebten die Jünger Jesu mit ihrem Mentor zusammen. Jesus nahm diese Aufgabe sehr ernst, da er von Anfang an das Ziel hatte, dass seine Jünger seine angefangene Arbeit fortführen sollen. Mit diesem Ziel vor Augen bildete er seine Jünger aus und wurde ihnen in allen Dingen selbst Vorbild. Günter Krallmann untersuchte in seinem Buch „Leidenschaftliche Leiterschaft" die Methoden und Ergebnisse der Mentorenschaft Jesu. Seine Ergebnisse sind nicht nur interessant, sondern auch für uns zur Nachahmung empfohlen:[4]

7.1 Jesus legte als Mentor ein Fundament

Sie sollten Gott besser kennen lernen und immer mehr

durchdrungen werden von seiner Liebe. Jesus wusste, dass das Handeln seiner Jünger entscheidend von ihrem Charakter und von ihrer Christusähnlichkeit abhing. Deshalb nahm er sich sehr viel Zeit, aus den Jüngern starke und feste Persönlichkeiten zu machen. Grundsteine dieses Fundaments von Jesus waren:

· sein vollkommener Gehorsam gegenüber Gott
· seine tiefe Liebe zu seinen Nachfolgern
· seine Fürbitte für sie
· sein Vertrauen auf Gottes Wirken in ihnen
· seine transparente Gemeinschaft
· sein vorrangiges Interesse an ihrer Charakterbildung

Einige dieser Punkte werden später, wenn es um die Eigenschaften eines Mentors geht, wieder aufgenommen.

7.2 Die Methode Jesu als Mentor

Jesus wusste, dass wahres geistliches Wachstum vor allem in Gemeinschaft und Beziehungen stattfindet. So gab es kein institutionalisiertes Schulungsprogramm, sondern eine Schule des gemeinsamen Lebens und Lehrens. Dabei spielten folgende Aspekte eine besonders große Rolle:

· seine Methode war beziehungsorientiert
· seine Methode war ungezwungen
· seine Methode war mündlich
· seine Methode war mobil
· er lebte vor
· er lehrte sie
· er ermöglichte praktische Anwendung
· er korrigierte sie
· er betonte die Unverzichtbarkeit der göttlichen Bevollmächtigung

J. Stalken drückt diese Methode des Lernens und Lebens folgendermaßen aus:[5]
„Für die Zwölf bestand der wertvollste Aspekt ihrer Verbindung mit Christus einfach in dem Vorrecht, mit Ihm zu sein – Tag für Tag jenes wunderbare Leben zu sehen und täglich still, fast unbemerkt, von Seinem Charakter geprägt werden zu können."

7.3 Ergebnisse des Mentoren-Programms

Nach seiner Auferstehung kam Jesus mit den elf Jüngern zusammen und sagte ihnen zwei Worte, die die Zielrichtung und das Ergebnis seiner Arbeit aufzeigten: „meine Zeugen" (Apg 1,8): Die Jünger sollten durch ihre Persönlichkeit, ihre Worte und Taten, durch den Empfang des Heiligen Geistes (– der Christi Stellvertreter auf Erden für sie sein würde –) ein glaubwürdiges Zeugnis sein, durch das andere Menschen ebenfalls zum Glauben an Christus kämen. Im Laufe ihres Dienstes für Christus zeigten sich bei den Jüngern die Ergebnisse seiner Arbeit an ihnen:

- sie waren Männer des Gehorsams und der Demut
- sie waren Männer des Glaubens und des Gebets
- sie waren Männer mit klaren Werten und Prioritäten
- sie vermittelten, was sie selbst gelernt hatten
- sie begannen andere Menschen zu Jüngern zu machen
- sie wirkten als Leiter
- sie führten die Sache ihres Meisters fort und dehnten sie aus

8. Praktische Übungen

8.1 Jesus als Mentor – Teil 1

Die Jünger zogen mit Jesus umher und erlebten alles hautnah mit, was Jesus tat. Aber nicht nur das, sie durften Jesus helfen, ihm Fragen stellen und das Gelernte anwenden. Lies die Stellen und beschreibe mit ein paar Stichworten, was Jesus die Jünger lehren wollte:

Mt 14,13-21 – Speisung der 5000:

Lk 9,1-6 – Aussendung der 12 Jünger:

Lk 11,1-4 – Vaterunser:

Mt 5-7 – Bergpredigt:

Lk 22,24-30 – Gespräch mit den Jüngern:

Joh 20,24-31 – Petrus:

8.2 Jesus als Mentor – Teil 2

Jesus griff bei seiner Aufgabe als Mentor auffällig oft zu Gleichnissen. Er konnte nicht auf Bücher oder gar moderne Medien zurückgreifen, wie wir es heute tun. Dafür waren die Jünger live dabei und erlebten viele Demonstrationen der Macht Gottes mit. „Learning by doing" war ganz normal für sie. Manchmal konstruierte Jesus auch Beispiele aus der Lebenswelt der damaligen Zeit, um den Jüngern Sachverhalte und Wahrheiten über das Reich Gottes und ihre Beziehung zu Gott zu erklären. Lies die folgenden Verse und beschreibe in ein paar Stichworten, was die Jünger von Jesus lernen konnten:

Mk 12,41-44	–	Das Scherflein der Witwe:
Mt 13,10-23	–	Vom Sinn der Gleichnisrede:
Mt 25,14-30	–	Gleichnis von den anvertrauten Pfunden:
Lk 10,30-37	–	Vom barmherzigen Samariter:
Lk 11,5-13	–	Der bittende Freund:

8.3 Paulus als Mentor

Paulus hatte mit Barnabas selbst einen guten Mentor und bemühte sich immer wieder um jüngere Christen und nahm sie mit auf seine Reisen (Titus, Timotheus, Johannes Markus etc.). Dabei war deutlich, dass Paulus Christus nachfolgte und alles tat, um das Reich Gottes auszubreiten. Dabei vergaß er aber nie diejenigen, die unter seiner Mithilfe zum Glauben kamen. Lies die folgenden Stellen und schreibe in kurzen Worten, wie Paulus sich als Mentor versteht:

1Kor 4,16:

Gal 4,12:

Phil 3,17:

2Tim 1,13+14:

2Tim 2,2-3:

1Kor 11,1:

„Das verbindliche Zusammensein bildete das Zentrum und das Geheimnis der Schulungsmethode Jesu!" (Günter Krallmann)

!

... Mach mit!
Schreibe fünf positive Gründe auf, von denen du denkst, dass sie für Mentoring (Persönlichkeitsprägung, Gemeinde, Leiterausbildung, geistliches Leben) sprechen.

Kapitel 2

Die Mentoringbeziehung

Es gibt eine Vielzahl von Definitionen von Mentoring und eine noch größere Zahl von verschiedenen „Namen" für das, was damit gemeint ist, aber ein Grundsatz bleibt gleich: Eine Person gibt ihr Wissen und ihre Erfahrung an eine andere weiter. Im Folgenden sollen einige gängige Modelle und Methoden angerissen und ihr Schwerpunkt herausgestellt werden.

1. Vernetzung und Abgrenzung von Mentoring

Coaching: Kennt man eigentlich aus dem Sport. Eine Person mit einem speziellen Fachwissen gibt dies an andere Personen weiter, z.B. im Fußball, beim Tennis etc. In der Wirtschaft ist Coaching in den letzten 10 Jahren sprungartig in Mode gekommen. Fast jede größere und erfolgreiche Firma lässt ihre Manager in Coaching trainieren und die Erfolge sind verblüffend. Es herrscht kein Konkurrenzkampf auf dem Weg nach oben, man fördert sich gegenseitig und holt somit das Maximale für das Unternehmen heraus. Ein Coach muss Eigenschaften wie Einfühlungsvermögen, Integrität, Unvoreingenommenheit haben und die Menschen um sich herum motivieren können. Er muss Verantwortung wahrnehmen und sie abgeben können. Im christlichen Bereich wird Coaching vor allem zur Förderung junger Leiter genutzt.

Seelsorge: Oftmals verstanden als „Nothilfe" für jemanden, der mit einem Problem aus seinem Leben nicht zurecht kommt. Aber auch bei regelmäßigen, nicht akuten Treffen mit dem Seelsorger geht es meist um den Umgang mit Problemen, vor allem im geistlichen Bereich. Für viele Jugendliche ist das Wort Seelsorge negativ besetzt und kommt für sie meistens nur als Krisenintervention in Frage. Positiv hilft der Seelsorger in persönlichen Entscheidungsprozessen.

Erzieher: Wird sofort mit Eltern oder ErzieherIn in Verbindung gebracht und hat immer etwas mit einer verpflichtenden Autorität zu tun, die im Zweifelsfall ihre Meinung mit Sanktionen durchdrückt.

Lehrer: Beim Lehrer geht es vor allem um theoretisch vermitteltes Wissen, das er seinen Schülern zu vermitteln versucht und sie motiviert, dieses Wissen anzuwenden.

Gebetspartner: Hier geht es um einen Aspekt des geistlichen Lebens, das Gebet. Auch wenn persönliche Dinge ausgetauscht werden und dafür gebetet wird, was eine große Hilfe ist, sind hier zwei oder mehr gleichberechtigte Partner beisammen.

Jüngerschaft: Jüngerschaft soll geistliches Leben praktisch einüben und die Beziehung zu Gott fördern, dabei gibt die Bibel die Leitlinien vor. Jüngerschaftskurse werden meistens in Gruppen von erfahrenen Christen, Pastoren, Pfarrern und Diakonen angeboten, die schon eine gewisse geistliche Reife und Erfahrung haben.

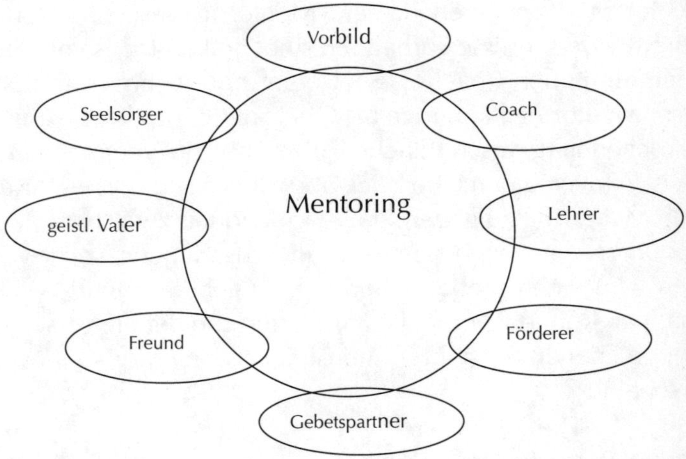

Mentoring im Verhältnis zu...

Versuch einer Definition von Mentoring:
Mentoring ist eine freiwillige und persönliche one-to-one Beziehung, die sich je nach beteiligten Personen entwickelt. Jede Mentorenbeziehung ist unterschiedlich und kann verschiedene Teilaspekte abdecken. Dabei legen der Mentor und sein Mentee die Schwerpunkte ihrer Beziehung gemeinsam fest.

2. Verschiedene Ebenen im Mentoring

In einem Mentorenverhältnis kann der Mentor einen Schwerpunkt vertiefen, da beim Mentee in diesem Punkt bestimmte Bedürfnisse vorhanden sind. So kommt es vor, dass Mentoren auch Coaches, Seelsorger oder Lehrer sein können. Mentoring kann man als Oberbegriff für alle die angesprochenen unterschiedlichen „Beziehungs-Typen" sehen. Es ist schwer, einen Überblick über die verschiedenen Arten von Mentoring zu geben, da sie individuell zwischen Mentor und Mentee selbst gewählt und zusammengesetzt werden. Um einen groben Überblick zu geben, orientiere ich mich an Robert Clinton. Clinton unterscheidet die verschiedenen Ebenen nach ihrer Intensität, was auch sehr sinnvoll erscheint:

Ebene 1: Passives Mentoring
· Der Mentor vorwiegend als Vorbild in der Gegenwart
· Der Mentor vorwiegend als historisches Vorbild
· Der Mentor vorwiegend als gottgeschenkte Begegnung

Ebene 2: Gelegentliches Mentoring
· Der Mentor vorwiegend als Seelsorger
· Der Mentor vorwiegend als Lehrer
· Der Mentor vorwiegend als Sponsor

Ebene 3: Intensives Mentoring
· Der Mentor vorwiegend als Coach
· Der Mentor vorwiegend als Jüngermacher
· Der Mentor vorwiegend als geistlicher Berater

Dabei kann es ein, dass sich auch unterschiedliche Ebenen vermischen oder ganz andere Schwerpunkte von Mentor und Mentee festgelegt werden oder in der Mentoringbeziehung mit der Zeit entstehen. Es gibt für Mentoring keine festgelegten und für alle Zeit gültigen Abläufe und Strukturen. Mentoring ist ein individueller Wachstumsprozess, den Mentor und Mentee miteinander gestalten!

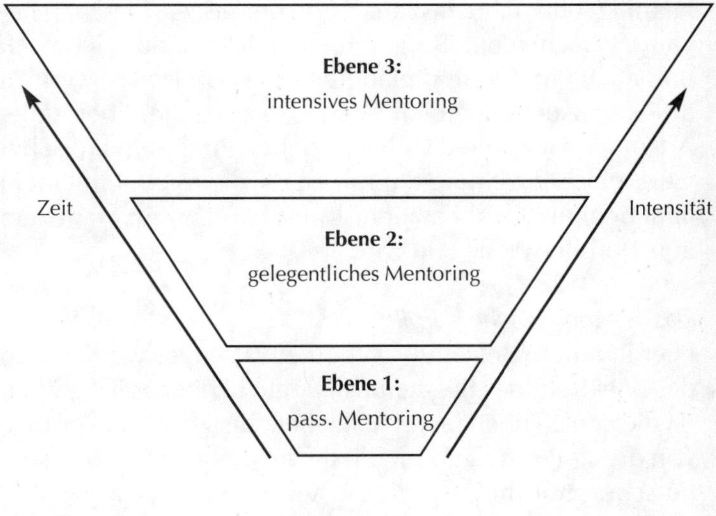

Verschiedene Ebenen in einer Mentoringbeziehung

Im folgenden sollen die drei Ebenen von Mentoring kurz beschrieben werden.

2.1 Das passive Mentoring

Jeder Mensch kennt Menschen, die ihn beeindrucken oder beeinflussen. Diese kann man grundsätzlich in drei Gruppen einteilen: Der historische Mentor, das zeitgenössische Vorbild und der unbewusste Mentor.

– *Der historische Mentor*

Er/sie ist eine Persönlichkeit, die in ihrem Leben ihre Berufung ausgelebt hat und mir so zum Vorbild wird. Dies kann in ganz unterschiedlicher Weise geschehen und völlig subjektive Gründe haben. Ein Beispiel für einen solchen historischen Mentor war und ist für mich Sören Kierkegaard. Auf den dänischen Theologen und Philosophen bin ich über die Existenzphilosophie gestoßen und Kierkegaard hat mich über Jahre fasziniert und herausgefordert. Ich begann, verschiedene Biographien zu lesen und mich nach und nach durch sein umfangreiches literarisches Werk zu arbeiten. Auch wenn ich nicht alles verstehe, üben seine Art zu glauben, seine Gottesbeziehung und sein kritischer Geist eine Anziehung auf mich aus, die mich in meinem Glauben und Denken herausfordert und mir in manchem zum Vorbild wurde und wird.

– *Das zeitgenössische Vorbild*

Hier kann die Beziehung schon etwas enger werden und das Spektrum der Begegnungsmöglichkeiten wird größer, da die Person noch lebt. Vielleicht habe ich schon Vorträge von dieser Person gehört, bin ihr schon begegnet oder habe schon mit ihr gesprochen. Vielleicht bin ich ihr aber noch nie begegnet und habe aber durch Fernsehen oder andere Medien ihren Lebenslauf und ihr Handeln beobachtet. Ein zeitgenössisches Vorbild ist für mich Roland Werner, der Leiter des Christustreffs in Marburg und der Verantwortliche von Christival. Ich begegne ihm jedes Jahr ein- bis zweimal und bewundere seine Art zu glauben, seinen Mut, für Gott jedes Risiko einzugehen und seine Fähigkeit, andere Menschen zu ermutigen und zu fördern.

– *Der unbewusste Mentor*

Das ist eine Person, die mich, ohne dass ich es überhaupt wahrnehme, prägt und beeinflusst. Oftmals sind es Leiter oder Mitarbeiter aus der Gemeinde, die mich durch ihre Art und den Umgang mit mir verändern, ohne dass mir das bewußt wird. Einen solchen unbewussten Mentor für mich habe ich im ersten Kapitel beschrieben, meinen damaligen Jungscharleiter. Erst Jahre später wurde mir sein Einfluss auf mein geistliches Leben und meine Persönlichkeit bewusst. Solche unbewussten Mentoren können einen ganzen Lebensweg positiv prägen.

2.2 Das gelegentliche Mentoring

Hierzu gehört der Seelsorger, Ratgeber oder Lehrer. Einen, den ich gut kenne, der mir in bestimmten Situationen meines Lebens punktuell zur Seite steht, sei es in geistlichen oder persönlichen Fragen. Ich suche solche Menschen meistens in lebensverändernden Situationen auf, Berufsentscheidungen, geistlichen Krisen oder schwierigen Lebensfragen. Es gibt zwischen uns aber keine intensive und vor allem keine kontinuierliche Beziehung. Dazu kommen Lehrer, die uns besonders geprägt haben, ohne dass wir eine persönliche Beziehung zu ihnen hatten. Im Studium hatte ich eine Menge Dozenten, aber zwei beeinflussten mich besonders: zum einen Dr. S., der mir ein Vorbild und eine ständige Herausforderung im exegetischen Arbeiten war, und zum anderen Dr. E., der mich mit seinem exakten theologischen Denken immer wieder herausforderte. Auch wenn ich nicht immer einer Meinung mit ihnen war oder unzufrieden mit der Beurteilung meiner Arbeit, so hatte ich immer das Gefühl, dass sie mich fördern wollten. Als ich zum Beispiel meine Masterarbeit bei Dr. E. schrieb, musste ich immer Kapitel für Kapitel abgeben, und jedes Kapitel wurde durchgesprochen, um daraus etwas zu lernen. Einmal kam es vor, dass er mir ein Kapitel zurückgab und mir sagte, dass dieses Kapitel gut sei, aber er wisse, dass ich es noch viel besser könne und ich müsse es noch einmal von vorne schreiben. Ich war völlig entsetzt und enttäuscht, hatte ich doch einige Zeit daran geschrieben. Er war hart und wollte das Beste aus mir herausholen. In der jeweiligen Situation, das muss ich ehrlich sagen, fand ich das oftmals nicht sehr hilfreich, doch mit etwas Abstand war es eine große Hilfe. Gleichzeitig, kam es vor, dass abends das Telefon klingelte und Dr. E. sich meldete und mir einen Gedanken mitteilte oder eine Kopie für mein Thema gab. Ich hatte immer das Gefühl, dass er mir helfen wollte.

2.3 Das intensive Mentoring

Hier geht es um eine regelmäßige, kontinuierliche Begleitung und um das langsame Wachsen einer Mentoringbeziehung. Es kann sich dabei um einen Menschen handeln, der bestimmte geistliche Prozesse einüben hilft oder mehr um einen Coach, der dabei hilft, Wissen und Persönlichkeit zusammenzuführen.

Eine Mentoringbeziehung kann durch die verschiedenen Ebenen hindurchgehen. So habe ich es schon erlebt, dass eine Person, die für mich ein zeitgenössischer Mentor war, nach zwei Jahren ein gelegentlicher Mentor wurde und später ein intensiver Mentor. Mentoring ist ein Prozess, der Zeit für Entwicklung braucht. Diese Zeit muss man sich innerhalb einer Mentoringbeziehung unbedingt geben, sonst wird sehr schnell ein Krampf daraus. Intensives Mentoring ist die höchste und schwierigste Form des Mentoring, um die es auch in diesem Buch hauptsächlich gehen soll.

Versuch einer Definition des intensiven Mentoring:
Der Mentor versucht dem Mentee in seiner persönlichen und geistlichen Entwicklung zu helfen und seine Fähigkeiten und Gaben zu fördern und freizusetzen. Der Mentor ist fähig, seinen Mentee zu unterstützen und positiv zu beeinflussen, so dass dieser sein Potential entfalten kann.

Dabei sind folgende Elemente wichtig:
- Das Vertrauenselement: Vertrauen muss zwischen den Beteiligten wachsen, Vertrauen muss man investieren, man muss sich langsam öffnen und den anderen kennen lernen, es entsteht eine Atmosphäre der Freiheit.
- Das Betreuungselement: Da ist jemand, der mich fördern möchte, der mich annimmt, so wie ich bin; ich kann mich ihm anvertrauen, ich kann mit allen Fragen zu ihm kommen.
- Das Vermittlungselement: Der Mentor kann dem Mentee helfen, sich weiter zu entwickeln, er kann Potenzial freisetzen, geistliche Entwicklungen beeinflussen, Wissen vermitteln, auf die Situation des Mentees eingehen. Mentoring heißt immer auch Wachstum in den unterschiedlichsten Bereichen.
- Das zeitliche Element: Eine intensive Mentoringbeziehung braucht Zeit, sich zu entwickeln und sich einzuspielen. Wer diese Zeit nicht investieren möchte, wird auch keinen „Erfolg" haben.

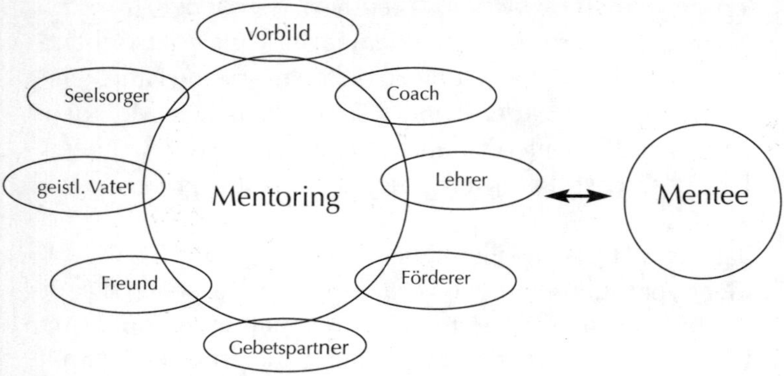

Beziehung Mentor – Mentee

! . ..Mach mit!
Nenne einige Leute, die dich in deiner persönlichen Entwicklung maßgeblich beeinflusst haben. Versuche die drei Kategorien „passives Mentoring", „gelegentliches Mentoring" und „intensives Mentoring" zu beachten.

Arbeitsblätter für die praktischen Übungen:

1. Die passiven Mentoren

Welche *historischen Mentoren* haben mich beeinflusst?	Was will ich von ihnen lernen?
Welche *zeitgenössischen Mentoren* haben mich beeinflusst?	Was will ich von ihnen lernen?

2. Die gelegentlichen Mentoren

Welche *Lehrer* haben mich beeinflusst?	Was will ich von ihnen lernen?
Welche *Seelsorger* haben mich beeinflusst?	Was will ich von ihnen lernen? Was von ihnen erwarten?

3. Die intensiven Mentoren

Hast du ein intensives Mentoring schon als Mentee erlebt? Was waren deine Erfahrungen?	Warst du schon Mentor für jemanden? Wie hast du es erlebt?	Wenn du keinen Mentor hast, überlege, wie du Kontakt zu einem aufbauen kannst

3. Eine Mentoringbeziehung gestalten

3.1 Kein festes Muster

Grundsätzlich gibt es kein festes Muster oder Prinzip, nach dem eine Mentoringbeziehung aufgebaut werden soll. Ich machte die Erfahrung, dass kleine, aber klar formulierte Ziele in einer Mentoringbeziehung und wachsendes Vertrauen die besten Voraussetzungen sind. Im letzten Jahr hatte ich drei Mentees, mit denen ich mich einzeln einmal pro Woche für jeweils 1-2 Stunden traf. Obwohl die drei alle im gleichen Alter (19-20 Jahre) waren, waren die Beziehungen und der inhaltliche Ablauf völlig unterschiedlich, da die drei von ihrer Persönlichkeit, von ihren Erwartungen, ihren Problemen und von ihrem Background völlig unterschiedlich waren. Mit einem Mentee arbeitete ich das Buch von Bill Hybels „Aufbruch zur Stille" durch und dabei kamen viele geistliche Prozesse und persönliche Probleme zu Tage, die langsam aufgearbeitet wurden. Mit einem anderen las ich den Epheserbrief und wir versuchten, das Gelesene in den Alltag umzusetzen. Mit dem Dritten sprach ich einfach über seine Prägung, seine Familienkonstellation, seine Persönlichkeit, seine Arbeit, seinen Glauben, seine Probleme und versuchte, ihm Stück um Stück zu helfen, Wege zu einem eigenständigen Glauben und einer selbständigen Persönlichkeit aufzuzeigen. Alle drei integrierte ich in die Gemeindearbeit und versuchte, sie langsam in die Mitarbeit einzubinden, damit sie lernen, Verantwortung wahrzunehmen. Dabei war mir grundlegend für die Mentoringbeziehung wichtig, dass der Mentee selbst langsam zum Mentor wird.

Es gibt auch bei der Wahl des Mentoren oder des Mentee kein richtig oder falsch. So kann es zum Beispiel auch eine

Mentoringbeziehung zwischen zwei Gleichaltrigen geben, oder zwischen einem Gläubigen und einem Nichtgläubigen. Allerdings muss man sich im Klaren sein, was man von so einer Mentoringbeziehung erwartet, was sie realistisch bringen kann und was nicht (vgl. Kapitel 2, Punkt 6)

3.2 Hilfen aus der Praxis

Immer wieder stelle ich fest, dass es von großer Hilfe ist, wenn Mentor und Mentee sich Ziele setzen und auf diese Ziele zusammen hinarbeiten. Dabei ist es oftmals schwierig, diese Ziele im Gespräch miteinander zu erreichen. Deshalb verwende ich immer wieder verschiedene Hilfsmittel, die eine gute Grundlage und Gesprächsform bieten, um bestimmte Themen zu bearbeiten. Einige möchte ich kurz vorstellen (Die folgende Liste ist sehr subjektiv aus meinem Erfahrungen heraus gehalten):

– *Bibeltexte fortlaufend lesen*

Eine einfache und immer wieder effektive Methode ist das gemeinsame Bibelstudium mit den beiden Fragen: „Was sagt der Text aus?“ und „Was bedeutet das für mich?“ Besonders mit dem Matthäusevangelium (Bergpredigt) und den praktischen Paulusbriefen (Epheser, Galater, Philipper) habe ich sehr gute Erfahrungen gemacht. Fortlaufend den Text lesen, evtl. schon als Hausaufgabe, und darüber reden. Als Mentor muss ich mich allerdings auf den jeweiligen Text gut vorbereiten.

– *Serendipity Hefte über bestimmte Themen*

Eine Hilfestellung für das gemeinsame Bibelstudium können Serendipity Hefte über bestimmte Bibeltexte und verschiedene Themen sein. So gibt es extra Hefte für biblische Texte (Gleichnisse, Bergpredigt, Briefe), verschiedene The-

men, die behandelt werden (Selbstfindung, Beziehungen, Maßstäbe, Identität, Stress etc.) oder bestimmte Zielgruppen (Jugend, Frauen, Männer). Nicht alle Hefte sind auf dem gleichen Niveau und oftmals sind die Lektionen viel zu lang und ausführlich. Aber sie geben eine gute Basis für das Gespräch und einen roten Faden, an dem man sich orientieren kann.
(Serendipity, Lebendige Kleingruppen, Brunnen-Verlag)

– *Bereiche des persönlichen Lebens durcharbeiten*
  Wo komme ich her? Was hat mich geprägt? Wie kann ich selbständig glauben?
  Glaubensfragen wie „Warum lässt Gott das zu?" bis „Was sagt die Bibel über Homosexualität?", etc.

– *Glaubenskurse*
  Gibt es wie Sand am Meer, nicht jeder Glaubenskurs ist für jedes Alter, jeden Typ und Glaubensstand gleich gut, es lohnt sich zu suchen und zu vergleichen.
  (In der Zeitschrift „Teens erleben Christus" gibt es einen großen „Glaubenskurs-Test". Das Heft kann beim Born Verlag, Postfach 420220, 34071 Kassel angefordert werden).

– *Bill Hybels: Aufbruch zur Stille*
  Ein sehr gutes Buch zum gemeinsamen Arbeiten, da es nicht nur inhaltlich sehr herausfordernd ist, sondern auch noch im Anhang zu jedem Kapitel Fragen bietet, an denen man ein Gespräch aufhängen kann. Thematisch geht es auf Gebet und die Begegnung mit Gott ein. Ein Buch, dass mich jedes Mal neu herausfordert und verändert.
  (Projektion J, ISBN 3-89490-248-5)

– *Paul Donders: Kreative Lebensplanung*
Arbeitsbuch mit vielen Fragen und Übungen zum Aufarbeiten der eigenen Vergangenheit und Ausblick auf die eigene Zukunft, sehr praxisnah und anwendbar.
(ISBN: 3-89437-512-4, Schulte & Gerth Verlag)

– *Paul Donders: Power Check*
Dasselbe Buch, nur umgeschrieben für Teens und Jugendliche. Vor allem, um eine Orientierung für die Berufswahl zu finden. Sehr hilfreich.
(ISBN: 3-89437-643-0, Schulte & Gerth Verlag)

– *James Smith: Den Glauben vertiefen und erneuern*
Auch ein sehr gutes Arbeitsbuch, das extra für Kleingruppen zur Förderung des geistlichen Wachstums konzipiert ist und in sieben Einheiten fünf Schlüssel zu einem ausgeglichenen geistlichen Wachstum vorstellt. Viele Fragen und Arbeitsblätter, praktischen und hilfreich.
(ISBN: 3-417-24410-2, R. Brockhaus Verlag)

– *Richard Foster: Gottes Herz steht allen offen*
Kein explizites Arbeitsbuch, aber ein sehr hilfreiches Buch zum Thema Gebet, dass durch seine vielen praktischen Beispiele immer wieder Hilfen für den Alltag und Impulse zum Gespräch bietet.
(ISBN: 3-417-24403-X, R. Brockhaus Verlag)

– *James Smith/Richard Foster: Dass Gott mich wirklich liebt*
Auch kein Arbeitsbuch, aber ein sehr hilfreiches Buch, um Grundlagen des Glaubens zu vermitteln: Gottes Liebe, Vergebung, Annahme. Einfach verständlich mit vielen Beispielen.
(ISBN: 3-417-24402-1, R. Brockhaus Verlag)

– *Leidenschaftliche Leiterschaft*

Zum Thema Leiterschaft und Förderung junger Leiter sind die Bücher von Günther Krallman: „Leidenschaftliche Leiterschaft" oder „Von der Begabung zur Befähigung" zu empfehlen, die theologisch sehr fundiert und trotzdem herausfordernd und interessant sind. Besonders letzteres lässt sich sehr gut verwenden, da es im Anhang 40 Studieneinheiten besitzt.
(ISBN: 3-927772-70-4, One Way Verlag)

Bücher zur Persönlichkeitsfindung:

Friedbert Gay, Hanno Herzler: Ich brauch dich und du brauchst mich (DISG)
Richard Rohr: Das Enneagramm
Ole Hallesby: Dein Typ ist gefragt
Fritz Riemann: Grundformen der Angst
Vgl. dazu Kapitel 2, Punkt 5

Weitere Buchtipps:

C.S. Lewis: je nach Thema (vor allem apologetische Themen: Gott auf der Anklagebank, Über den Schmerz, Pardon ich bin Christ, Wunder etc.)
Dietrich Bonhoeffer: Nachfolge
Paul Schütz: Warum ich noch ein Christ bin (gibt es nur noch antiquarisch, ist aber sehr gut)

3.3 Praktische Hilfen für eine Mentoringbeziehung

– *Einfach anfangen*

Eine Mentoringbeziehung muss nicht unbedingt als Mentoringbeziehung anfangen, sondern kann als normaler Kontakt anfangen, über ein gemeinsames Interesse, eine Gebetsgruppe oder ein mutiges Aufeinanderzugehen. Manchmal ist es sogar weise, in einem Buch über Mentoring nicht gleich von einer verbindlichen Mentoringbeziehung zu sprechen, auch wenn sich das seltsam anhört.

– *Der Beziehung Zeit geben*

Vertrauen braucht Zeit und Mentoring lebt vom Vertrauen. Also nichts überstürzen. Gerade wenn sich Mentor und Mentee noch nicht so richtig kennen, ist eine „Warm-up-Phase" sehr wichtig. Trefft euch in einer bekannten Umgebung, unternehmt Dinge miteinander, sucht gemeinsame Interessen, damit ihr euch richtig und vor allem ganzheitlich kennenlernt. Bei Mentoring geht es nicht nur um eine geistliche Seite des Menschen, sondern um den ganzen Menschen, mit all seinen Fähigkeiten und Begabungen, all seinen Fehlern und Schwächen.

– *Gemeinsame Ziele festlegen*

Ziele und Erwartungen von Mentor und Mentee müssen abgeklärt werden. Auch wenn es nicht so einfach ist, über diese Dinge am Anfang einer Mentoringbeziehung zu sprechen, erleichtern sie vieles und beugen vielen Missverständnissen und Verletzungen vor. Wenn z.B. der Mentee eine intensive Mentoringbeziehung erwartet, der Mentor aber nur an eine gelegentliche Mentoringbeziehung dachte, führt dies zu Spannungen und die ganze Beziehung kann auseinanderbrechen. Erwartungen, die jeder an die Mentoringbeziehung hat, müssen mitgeteilt werden. Damit gewinnt man Vertrauen und beugt Unheil vor.

– *Regelmäßige Zeiten vereinbaren*
Viele Mentoringbeziehungen verlaufen sich mit der Zeit im Sand, da jeder viel zu tun hat und man keinen geeigneten Termin findet, an dem man so richtig Zeit hat. Ein regelmäßiger und fester Termin ist die Grundlage für eine wachsende Mentoringbeziehung. Lieber nur einmal im Monat (z.B. immer am ersten Samstag im Monat), als völlig unregelmäßig. Mentor und Mentee müssen zusammen die Intensität bestimmen. Es darf für keinen dauerhaft zur Last werden.

– *Die Art der Kommunikation bestimmen*
Die Menschen sind unterschiedlich und jeder hat durch seine Prägung und seinen Charakter eine ganz eigene Persönlichkeit. Darum ist es wichtig, dass man abklärt, wie man miteinander umgeht. Wie vorsichtig oder direkt darf der Mentor zum Beispiel Fehler oder Probleme ansprechen, die er bei seinem Mentee sieht? Wie stark darf er seinen Schützling herausfordern? Hier muss auch wieder ein Vertrauen und eine Offenheit wachsen, damit darüber gesprochen werden kann, da es sonst schnell zu Irritationen kommen kann.

– *Die Ebene der Vertraulichkeit klären*
Es ist sicherlich klar, dass Gespräche innerhalb einer Mentoringbeziehung vertraulich behandelt werden, aber es gibt besonders dem Mentee Sicherheit, wenn man darüber spricht und das bestätigt. Eine Mentoringbeziehung kann sehr persönlich werden, daher ist es gut, wenn Mentor und Mentee darüber reden, wo für jeden die Grenze der Ver-

traulichkeit ist. Diese Grenze kann sich mit der Zeit auch verschieben.

– *Den Zeitraum der Beziehung bestimmen*
Es ist wichtig, einen gewissen Zeitraum für eine Mentoringbeziehung zu setzen, dies erleichtert das Zusammensein. Es ist leichter, einen Zeitraum zu verlängern als abzubrechen. Trotzdem hat jeder, sowohl Mentor als auch Mentee, das Recht, die Beziehung abzubrechen.

– *Die Beziehung von Zeit zu Zeit überprüfen*
Die ideale Mentoringbeziehung gibt es nicht. Es kommt häufig vor, dass Erwartungen nicht erfüllt werden. Deshalb ist es wichtig, dass man feste Zeiten hat, in denen man offen über den letzten Zeitraum der Mentoringbeziehung reflektiert und -wenn nötig– Ziele neu definiert. Ein Mentoringprozess soll den Mentee weiterbringen. Geschieht dies nicht, muss die ganze Beziehung überdacht werden.

– *Erfolge feiern*
Kleinere oder größere Erfolge sollten gefeiert werden. Dadurch wird der Mentee ermutigt und beide haben die Gelegenheit, etwas miteinder zu machen. Miteinander Essen gehen oder kleine Aufmerksamkeiten können die Mentoringbeziehung sehr fördern.

– *Die Mentoringbeziehung wieder abschließen*
Hört sich vielleicht etwas komisch an, ist es aber nicht. Eine Mentoringbeziehung braucht sowohl einen Anfang als auch ein klares Ende. Wenn eine Beziehung mit der Zeit einfach so ausläuft, bleibt bei beiden Seiten ein ungutes Gefühl. Nach einer Mentoringbeziehung sollte auf alle Fälle eine freundschaftliche Beziehung bleiben.

3.4 Zielsetzungen in einer Mentoringbeziehung

„Nur wer das Ziel kennt, kann auch am Ziel ankommen.“ Eine alte Weisheit, immer wieder wahr. Es ist wichtig, dass sowohl Mentor als auch Mentee zusammen Ziele für ihre Beziehung abstecken und formulieren. Dabei geht es um große Ziele wie Veränderung von Charaktereigenschaften und geistliche Haltungen, aber auch um kleine Teilziele wie Wissensvermittlung, ein gewisser Grad von Offenheit oder gemeinsames Erarbeiten eines Themas. Wichtig ist, dass gerade die Teilziele realistisch und erreichbar sind. John Whitemore[6] hat das sehr gut formuliert:
Eigenschaften eines guten Ziels:
Um ein nicht kontrollierbares Endziel auf ein kontrollierbares Ziel zu stützen, müssen Ziele SMART und PURE sein. (Leider ergeben sich diese Worthilfen im Deutschen nicht so gut wie im Englischen.)

SMART:
Specific – Spezifisch
Measurable – Messbar
Attainable – Erreichbar
Realistic – Realistisch
Time phased – Zeitlich gegliedert

PURE:
Positive stated – Positiv formuliert
Understood – Verstanden
Relevant – Relevant
Ethical – Moralisch

Diese Eigenschaften können helfen, ein Ziel so zu formulieren und abzustecken, dass es zu einer echten Motivation und Hilfe wird. Ein demotivierendes Ziel hindert eher als dass es fördert. Weiter ist wichtig, dass beide, Mentor und Mentee, die Ziele zusammen abstecken und setzen, nur dann können sie auch erreicht werden.

Ein Ziel sollte mindestens zwei Variable haben:

Ist es messbar?
Ist es machbar?

Diese zwei Fragen können eine Zielsetzung entscheidend beeinflussen. Wenn eines oder gar beide nicht auf das gesteckte Ziel zutreffen, sollte das Ziel neu gesteckt werden. Ein Teilziel kann ein einzelnes Treffen sein. Auch hier ist es von Vorteil, wenn man weiß, was man von dieser Sitzung erwartet, wozu man sich überhaupt trifft.

3.5 Der mögliche Ablauf eines Mentoring-Prozesses

Im folgenden soll anhand einer Skizze aufgezeigt werden, wie ein Mentoringprozess aus der Sicht eines Mentees ablaufen kann. Dabei muss es nicht genau so ablaufen, einige Phasen können übersprungen oder vertauscht werden. Es kommt immer auf die persönliche Situation der betreffenden Personen an.

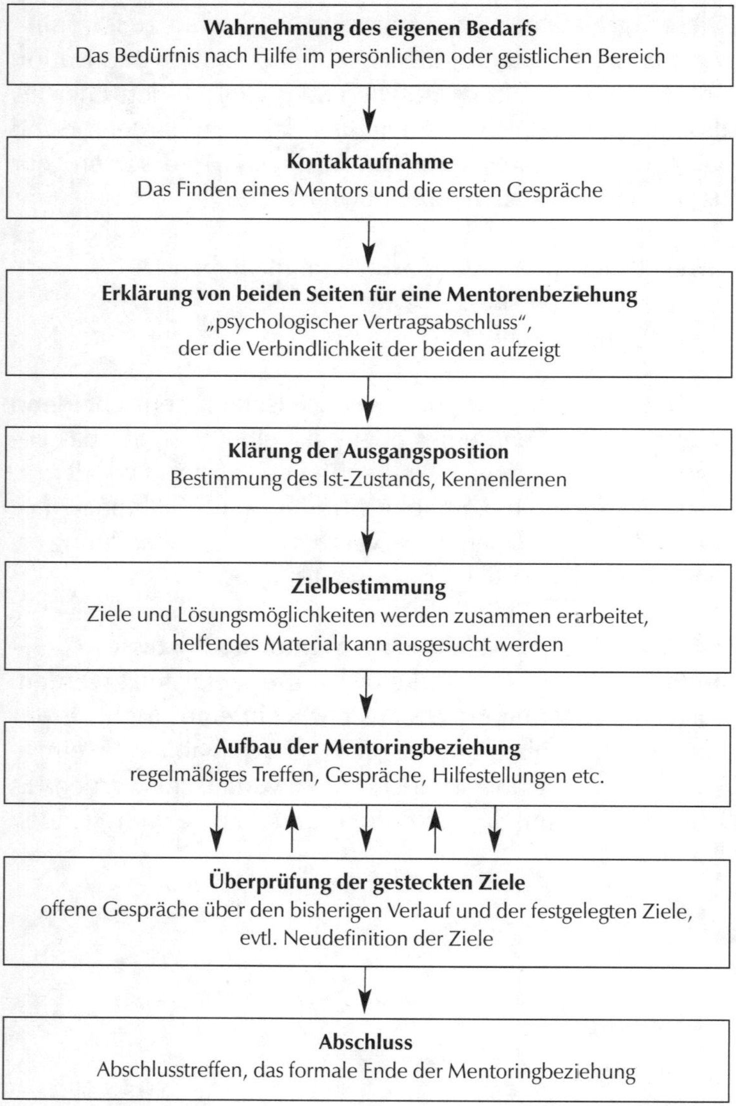

Ablauf einer Mentoringbeziehung

4. Der Schlüssel der Mentoringbeziehung: Zeit

Es hat mich mal jemand gefragt, wie man Liebe buchstabiert. Meine Antwort war: Ich glaube: Z – E – I – T. Heutzutage fällt es einem leichter, jemandem Geld zu geben, als sich auf eine Beziehung einzulassen, die viel Zeit und Kraft kostet. Mentoring braucht aber genau das. Wer nicht bereit ist, sich darauf einzulassen, ist als Mentor, zumindest für das intensive Mentoring, nicht geeignet. Ein Mentor muss auf seinen Mentee eingehen, ihn kennenlernen und, um ihn zu prägen, ihm die Möglichkeit geben, seinem Mentor über die Schulter zu gucken; der Mentor muß seinen Mentee teilhaben lassen, nicht nur an dem was er sagt, sondern auch an dem, was er tut.

Das bedeutet, dass der Mentor wie auch der Mentee sich einbringen müssen, sie müssen sich die Zeit für ihre Beziehung nehmen, um sie zu pflegen, damit ein dynamischer Prozess in Gang kommt.

5. Persönlichkeitsprägung durch Mentoring

Woraus setzt sich unsere Persönlichkeit überhaupt zusammen? Wie bildet sich eine eigenständige Persönlichkeit, die eigene Identität? Ich glaube, dass es an dieser Stelle zu weit gehen würde, darauf ausführlich einzugehen, aber ein paar grobe Richtlinien sind für das Verständnis von Mentoring wichtig.

Bei allen unterschiedlichen psychologischen Ansätzen und Konzepten zur Bildung der Persönlichkeit gibt es einen gemeinsamen Nenner: Jede Persönlichkeit ist einzigartig!

Was aber ist überhaupt eine Persönlichkeit?
Eine Persönlichkeit besteht aus vier verschiedenen relativ konstanten Merkmalen:

· der körperliche Bereich: Größe, Gewicht, Augenfarbe, Gang etc.
· der emotionale Bereich: Gefühle und Bedürfnisse
· der kognitive Bereich: Intelligenz, Denkweise, Leistung etc.
· der soziale Bereich: Einstellungen, Interessen, Vorurteile etc.

Diese vier Bereiche werden vor allem aus zwei Quellen gebildet:

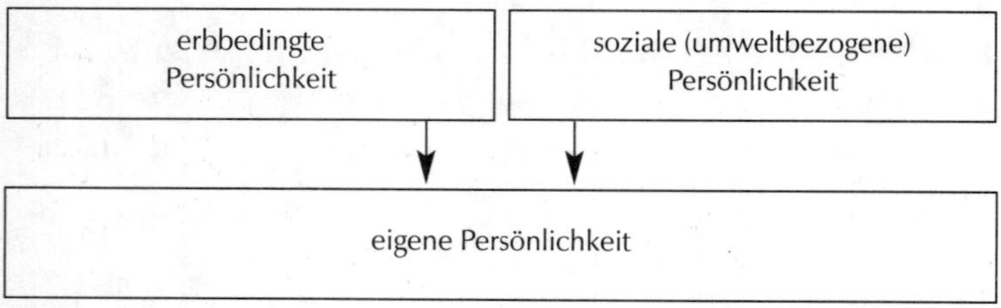

Um diese Persönlichkeit zu beschreiben, gibt es viele verschiedene Möglichkeiten und Modelle. Die vielleicht bekannteste Einteilung ist die nach sogenannten Typen, zum Beispiel die vier Quadranten des Eysenckschen Persönlichkeitszirkels. Eysenck unterscheidet vier verschiedene Persönlichkeitstypen, nämlich: Melancholiker, Choleriker, Phlegmatiker und Sanguiniker. Im christlichen Bereich ist dieses Modell von Ole Hallesby (Dein Typ ist gefragt, R.Brockhaus Verlag) aufgenommen worden. Weitere bekannte Modelle finden sich bei Fritz Riemann (Grundformen der Angst, Ernst Reinhardt Verlag), Richard Rohr (Das Ennea-

gramm, Claudius Verlag) oder Friedbert Gay, Hanno Herzler (DISG: Ich brauch dich und du brauchst mich, R.Brockhaus Verlag).
Alle diese Studien wollen dazu helfen, meine eigene Persönlichkeit und die meines/meiner Mitmenschen (Mentee) besser zu verstehen. Sie dienen nicht dazu, andere zu kategorisieren, sondern sollen Verständnis und Hilfe im Umgang miteinander bieten.
Ich habe gerade im Mentoringbereich sehr gute Erfahrungen mit diesen Studien gemacht, besonders mit DISG und dem Enneagramm. Ersteres ist etwas einfacher und leichter anzuwenden, praxisnah und gut zu verstehen, wobei der Schwerpunkt mehr auf Verhaltensansätzen liegt. Das Enneagramm ist eher etwas für Fortgeschrittene, wobei der Schwerpunkt eher auf der Persönlichkeitsstruktur liegt.
Das DISG-Modell soll im Folgenden etwas ausführlicher vorgestellt werden:

Ein Persönlichkeits-Profil ist ein Instrument, um sich selbst und andere besser zu verstehen. Mit mehr Verständnis für den eigenen Stil lässt sich erkennen, unter welchen Voraussetzungen und in welcher Umgebung man beruflich, privat und gemeindlich das Beste erreicht. Gleichzeitig erleichtert es den Umgang mit anderen Verhaltensweisen. Ein Persönlichkeits-Profil ist keine „Prüfung". Es gibt kein „falsch" oder „richtig". Es gibt nur unterschiedliche Stile. Untersuchungen zeigen jedoch: Wer sich selbst kennt und seine Verhaltensweisen einschätzen kann, lernt mit verschiedenen Situationen besser umzugehen.

Ich will die Funktion und Einsatzmöglichkeiten anhand des DISG Persönlichkeits-Profils erklären. Das erscheint mir besonders geeignet, weil man es selbst auswerten kann und es

eine christliche Version gibt, die konkret auf Belange von Christen und Gemeinden abgestimmt ist.
Die DISG-Typologie beschreibt das Verhalten von Menschen, wie sie ihre Bedürfnisse erfüllen, wie sie unter Druck oder normalen Bedingungen reagieren. Es geht darum, Tendenzen zu erkennen und zu lernen, damit besser umzugehen. Kein Mensch ist nur ein Typ, es sind immer Mischungen. Und ein „D-Typ" muss noch lange nicht einem zweiten „D-Typ" gleichen. Trotzdem ist die Typologie uns eine Hilfe und als solche wollen wir sie auch verwenden.

Die vier Buchstaben D.I.S.G. stehen für die vier Begriffe:

D	–	Dominant
I	–	Initativ
S	–	Stetig
G	–	Gewissenhaft

Grundlage bilden die polaren Aspekte eines
– introvertierten/extrovertierten und
– aufgaben-/ oder menschenorientierten Verhaltens.

Hieraus ergeben sich dann vier Quadranten. Die DISG-Selbstanalyse stellt nun fest, mit welchen Anteilen an jedem Quadranten die einzelne Persönlichkeitsstruktur gekennzeichnet ist.

DOMINANT:

„D-Typen“ versuchen ihre Bedürfnisse zu erfüllen, indem sie ihre Umgebung durch direkte, energische Handlungen kontrollieren, wobei sie sich besonders in ungünstigen oder konfliktgeladenen Situationen positiv herausgefordert fühlen.

(In der Gemeinde sind es tendenziell Leiter, Apostel, Projektverantwortliche...)

INITIATIV:

„I-Typen“ versuchen, ihre Bedürfnisse zu erfüllen, indem sie andere überzeugen, mit ihnen zusammenzuarbeiten, um Ergebnisse zu erreichen. Sie sind in einer freundlichen Umgebung am effektivsten.

(In der Gemeinde sind es tendenziell Evangelisten, Besuchsdienst, Künstler, ...)

STETIG:

„S-Typen" versuchen, ihre Bedürfnisse zu erfüllen, indem sie in stetiger, ausdauernder Weise mit anderen zusammenarbeiten. Sie fühlen sich vor allem in einer freundlichen und stabilen Umgebung wohl.

GEWISSENHAFT:

„G-Typen" arbeiten besonders gern innerhalb bestehender Umstände daran, Qualität und Pünktlichkeit zu erreichen. Ihren eigenen Maßstäbe genügen sie auch in ungünstiger Umgebung.

Was kann ein Persönlichkeitsprofil leisten?

A. Wer bin ich?

Wer seine eigenen Stärken und Schwächen kennt, hält sich nicht mehr für den „Nabel der Welt", sondern kann andere Verhaltensweisen einschätzen und damit umgehen. Er weiß, welcher Verhaltenstyp die eigenen Schwächen am besten ergänzt und in welcher Umgebung er sich wohl fühlt und seine optimale Leistung bringt.

B. Es fällt leicht, Nein zu sagen

Jede Aufgabe erfordert bestimmte Fähigkeiten. Mit DISG kann ich leichter einschätzen, ob ich eine Aufgabe zur Zufriedenheit bewältigen kann oder ob sie meinen Stärken entgegensteht. Das gilt für den gemeindlichen Einsatz ebenso wie im Beruf. Stell Dir vor, Du bietest einem „I-Typen" den Posten des Kirchenpflegers an – die Katastrophe ist vorprogrammiert. Ein Kirchenpfleger ist tendenziell hoch „G" und hoch „S".

C. Arbeit *im* Team

Teamarbeit ist groß im Kommen. In der betrieblichen Welt sowieso. Teamfähigkeit ist bereits fester Bestandteil der Qualifikationseigenschaften eines Bewerbers. Die Gemeinde ist ein Organismus (Leib Christi) mit den unterschiedlichsten Zellen: Hauskreise, Dienstgruppen, Projektgruppen, Leitungsteams. DISG leistet hier einen wichtigen Beitrag, dass die Aufgaben richtig verteilt werden, das Klima verbessert und die Effektivität gesteigert wird.

(autorisierter DISG-Text)

Weiterführende Literatur:
Friedbert Gay, Hanno Herzler: DISG: Ich brauch dich und du brauchst mich (R. Brockhaus Verlag).

6. Möglichkeiten einer Mentoringbeziehung

Mentoring ist kein starres Gebilde und gibt auch keine festen Normen vor. So ist es nicht verwunderlich, dass es ganz unterschiedliche Möglichkeiten von Mentoringbeziehung gibt. Wir haben ja schon gesehen, dass es Unterschiede in Bezug auf Intensität und Zeit gibt, aber es gibt auch Unterschiede in der Konstellation der Mentoringpartner. Einige der Möglichkeiten sollen im Folgenden aufgezeigt werden:

6.1 Eins zu eins

Die wohl bekannteste und effektivste Mentoringbeziehung ist die Eins-zu-eins-Beziehung. Eine erfahrenere Person gibt ihr Wissen, ihren Glauben etc. in einer intensiven und regelmäßigen Form an eine weniger erfahrene Person weiter.

6.2 Älterer – Jüngerer

Dabei ist es oftmals so, dass der Mentor die ältere Person und der Mentee die jüngere Person ist. Dies hat einfach mit der größeren Lebenserfahrung zu tun. Außerdem suchen junge Menschen Vorbilder, an denen sie sich orientieren können. Sie wollen aus den Erfahrungen der Älteren lernen und Fehler vermeiden.

6.3 Mentoring unter Gleichaltrigen

Aber es ist auch möglich, eine Mentoringbeziehung unter Gleichaltrigen zu haben. Gerade weil ältere Mentoren schwer zu finden sind, erfreut sich diese Form immer größerer Beliebtheit. Besonders junge Hauptamtliche werden als Mentoren gesucht, sie sind trotz des jungen Alters eine Autorität durch ihr Fachwissen (Theologiestudium). Auch fallen hier die Generationskonflikte mit der älteren Generation weg. Es kommt allerdings auch vor, dass zwei Gleichaltrige sich gegenseitig Mentoren sind. Beide nehmen die gleichberechtigte Stellung als Mentor und Mentee ein und versuchen, sich gegenseitig zu fördern und zu fordern, geistliche Schritte zu gehen und sich gegenseitige Hilfestellung zu geben.

6.4 Mentoring mit einer Kleingruppe

Eine weitere Möglichkeit ist das Mentoring einer Kleingruppe. Hier besteht allerdings die Schwierigkeit, dass das Vertrauensverhältnis und die verschiedenen Charaktere eine enge Mentorenbeziehung sehr erschweren. Aber es ist nicht unmöglich, und eine solche Gruppe kann über einen längeren Zeitraum zusammenwachsen, besonders, wenn sie vom Alter und den Interessen her eine gewisse Homogenität zeigt. Ich habe sowohl gute als auch schlechte Erfahrungen mit dieser Form gemacht. Eine Kleingruppe, deren Mentor ich gerade bin, hat über ein Jahr gebraucht, bis sie eine Vertrauensbasis gefunden hatte, auf der sie effektiv und vertrauensvoll arbeiten konnte (vgl. Punkt 7). Meine Erfahrung ist, dass ein Gruppenmentoring vor allem aus der Not heraus geboren wird, dass man nicht für alle ein Einzelmentoring anbieten kann.

6.5 Mentoring als Förderung für junge Leiter

Eine geradezu wunderbare Möglichkeit im Mentoringbereich ist die Förderung von jungen Leitern. Leider werden in Deutschland talentierte christliche Leiter viel zu spät gefördert, was oftmals große Probleme mit sich bringt. Ich denke, dass man bereits im Teenageralter die Grundstrukturen eines Leitertyps feststellen kann und fördern sollte. Gerade in den entscheidenden Lebensphasen (Adoleszenzphase [Loslösungsphase vom Elternhaus], Berufswahl/Studium, Freundschaft/ Heirat, etc.) bräuchten viele junge Menschen einen Beistand und Ratgeber. Ein Mentor kann seinen jungen Leiter langsam und behutsam in die Leiterschaft einführen und ihm langsam immer mehr Verantwortung übertragen. Der Mentee hat somit die Chance, Gaben zu entwickeln und aufzubauen, Dinge auszuprobieren und immer zu wissen, dass jemand hinter ihm steht, der ihn notfalls auffängt!

6.6 Mentoring als Mitarbeiterhilfe

Auf diese Möglichkeit möchte ich ein bisschen genauer eingehen, da ich glaube, dass sie eine große Hilfe und Entlastung für Mitarbeiter in unseren Gemeinden darstellen kann und ich persönlich sehr gute Erfahrungen damit mache.
Ein Problem vieler Mitarbeiter ist, dass sie sich manchmal in ihrer Gemeinde allein gelassen fühlen. Die Gemeinde zeigt nur begrenztes Interesse, und die Mitarbeiter arbeiten alle so vor sich hin. Dazu kommt, dass die Mitarbeiter sehr viel ge-

ben an Zeit, Geld, Engagement und geistlicher Kraft, selbst aber manchmal zu kurz kommen. Um diese Dinge zu verhindern bzw. abzufangen, haben wir Mentoren für unsere Mitarbeiter eingebaut.
Die Aufgabe der Mentoren ist eine zweifache: Zum einen sollen sie für die Mitarbeiter des jeweiligen Kreises da sein und zum anderen sollen sie ein Bindeglied zur Gemeinde darstellen.
Ich möchte dies am Beispiel meines Teenkreises und seiner Mentoren kurz erklären:
Die Mentoren sollen eine Anlaufstelle für die Mitarbeiter sein. Optimal wäre es, wenn sich Mitarbeiter und Mentoren mindestens alle vier Wochen zum Austausch treffen würden, damit ein Vertrauensverhältnis entstehen kann. Den Mitarbeitern wird somit eine Gelegenheit gegeben, ihre Fragen und Probleme zu besprechen. Diese können sowohl geistlicher wie auch praktischer Art sein, z.B. Ziele für den Kreis bestimmen, Disziplinprobleme, fehlende Unterstützung aus der Gemeinde, finanzielle Probleme, Ideen, Themenvorschläge, private Probleme, geistliche Tiefs etc.
Die Mentoren sollten einen guten Draht zur Gemeinde (wenn möglich auch zum Leitungskreis, Ältesten) haben, um die Interessen des Kreises und der Mitarbeiter in der Gemeinde zu vertreten. Sie sind ein Bindeglied zwischen Kreis und Gemeinde.
Es ist wichtig für die Aufgabe der Mentoren, eine längere Erfahrung im Glauben, eine intensive Beziehung zu Gott, längere Gemeindezugehörigkeit und eventuell Erfahrungen mit den Aufgaben des zu betreuenden Kreises zu haben.

– Wie läuft ein Mentorentreffen ab?
In der Regel treffen wir uns in gemütlicher Runde bei einem Mentor und fangen mit einer persönlichen Aus-

tauschrunde an. Jeder erzählt, was bei ihm gerade läuft, was ihm Spaß macht und wo er Schwierigkeiten hat. Dabei öffnet sich jeder so weit wie er das möchte. Danach erzählt jeder der Anwesenden, was er für einen Eindruck vom Teenkreis hat, was gut läuft, wo Schwierigkeiten sind, wer von den Teenies vielleicht Probleme hat, etc. Dabei ist es interessant, was die Mitarbeiter erzählen und wie es die Mentoren erleben, die ja außerhalb des Kreises stehen. Zum Schluss beten wir füreinander und für den Teenkreis.
Diese Treffen sind sehr gut für die Mitarbeiter, man kann Luft holen, hat Zeit, sich über verschiedene Dinge auszutauschen und wird ernst genommen. Besonders hilfreich sind die Mentoren auch in schwierigen Situationen. So wurden wir Mitarbeiter in einer bestimmten Situation von einigen Eltern angegriffen. Wir Mitarbeiter standen aber nicht allein da, sondern die Mentoren setzten sich gleich für uns ein und standen voll hinter uns.
Die Mentoren sind aber nicht nur in unseren Treffen ansprechbar, sondern die Mitarbeiter können sie jederzeit anrufen oder besuchen, wenn sie Probleme oder Fragen haben.

– Motivation zur Weiterbildung
Außerdem sollten die Mentoren die Teenmitarbeiter motivieren, Schulungen zu besuchen, damit sie sich auch fachlich weiterbilden. Ich merke immer wieder, wie wichtig es ist, frische Ideen und neue Motivation in der Teenagerarbeit zu bekommen. Zu viele Mitarbeiter sind frustriert und schwimmen nur im eigenen Saft. Auch sollte die Gemeinde immer wieder Geld zur Verfügung stellen, um die Mitarbeiter zu schulen und sie mit neuer guter Literatur zu versorgen. Es kann oftmals nur das rauskommen, was auch reingesteckt wird. Dies gilt auch für die geistliche Ebene.

Wenn die Mitarbeiter in einem geistlichen Loch stecken oder sich geistlich nicht weiter entwickeln, kann man dies von den Teenagern fast auch nicht erwarten. Das heißt nicht, dass Mitarbeiter keine Probleme oder Krisen haben dürfen, sondern dass wir sie in diesen Krisen und Problemen nicht allein lassen dürfen.

– Mitarbeiter werden selbst zu Mentoren
  Noch einen Schritt weiter geht es dann, wenn die Mitarbeiter selbst zu Mentoren werden. Das heißt, sie suchen einen Teeny, mit dem sie sich einmal die Woche treffen, ganz ungezwungen zum Austausch, Gebet, Bibel lesen oder einfach nur zum Quatschen. Hier liegt eine riesige Chance, an die Teenies wirklich „ranzukommen". Mit der Zeit baut sich Vertrauen auf und es entwickelt sich eine echte Freundschaft. Der Teeny nimmt etwas vom Mitarbeiter an, was er in der Gruppe selbst immer verweigert hat. Ich habe die Erfahrung gemacht, dass durch dieses Mentorenprogramm mehr geistliche Aufbrüche geschehen sind als durch die Abende selbst. Ich möchte das nicht gegeneinander ausspielen, da ich weiß, dass sich beides bedingt. Aber ich glaube, dass in der persönlichen Betreuung von Teenagern eine riesige Chance liegt.

7. Die Kunst des Kommunizierens

Kommunikation ist ein sehr komplexes Gebilde aus Reden, Zuhören, Gestik, Haltung, Bewegungen, Lautstärke, Mimik und vielem mehr. Es soll im Folgenden nicht darum gehen, auf die Psychologie des Kommunizierens einzugehen, sondern auf drei wichtige Elemente, die innerhalb einer Mentoringbeziehung von besonderer Bedeutung sind. Als Grundlage ist dabei wichtig, dass es zwei unterschiedliche Ebenen der Kommunikation gibt: die erste Ebene ist die inhaltliche, das, was wir sagen und mitteilen wollen, das gesprochene Wort: „Was sagt sie/er?" Die zweite Ebene drückt sich in der Körpersprache aus (nonverbal): „Wie sagt sie/er es?" und „Was tut sie/er dabei?". Beide Ebenen sind wichtig, wobei die Körpersprache immer ehrlicher ist als das wohlüberlegte gesprochene Wort. Deshalb ist es wichtig, dass man sich der Wirkung seiner Körpersprache bewusst wird und sich überlegt, wie sie auf andere wirkt. (Wie sitze ich da, habe ich Arme oder Beine verschränkt, spiele ich am Kugelschreiber rum, habe oder meide ich Blickkontakt, mache ich nebenher noch etwas anderes etc.)

7.1 Aktives Zuhören

Zuhören ist eine der Grundvoraussetzungen im Mentoringbereich. Als Mentor wie als Mentee muss ich bereit sein, aktiv zuzuhören. Ein gutes Gespräch lebt besonders vom „Sich-gegenseitig-Zuhören-Können". Zuhören heißt gleichzeitig, sich dem anderen mit meiner ganzen Aufmerksamkeit zuwenden. Dabei sind folgende Punkte sehr hilfreich:

- Aufmerksam sein
  Nichts verunsichert mein Gegenüber mehr, als wenn es den Eindruck hat, dass ich nicht aufmerksam zuhöre oder mit meinen Gedanken ganz woanders bin. Sätze wie „Ich hör dir schon zu!" oder „Ich mach das gerade noch fertig, fang doch schon mal an!", während man noch irgendeiner Arbeit nachgeht, sind für einen Gesprächsverlauf geradezu tödlich. Es ist wichtig, dass ich meinem Gegenüber durch zustimmendes Kopfnicken, Augenkontakt oder kurze Wor-

te (ja, und dann?, und weiter? etc.) das Gefühl gebe, dass ich ihm folge und ihn bestätige. Eine positive Ausstrahlung und ein ruhige Atmosphäre sind die Grundlage, dass ein Gespräch gut läuft.

– Wiederholen/Nachfragen
  Zum aktiven Zuhören gehört auch, dass ich mein Gegenüber verstehe und ihm das durch eine Rückmeldung auch bestätige. Dies kann eine kurze Wiederholung von dem sein, was er mir gerade gesagt hat. Dies kann ein Gespräch weiterführen und auch offene Fragen oder Nichtverstehen klären (Habe ich das richtig verstanden? Du meinst also.... Du sagtest gerade... Stimmt das so? Verstehe ich das richtig? etc.). Wenn etwas nicht richtig verstanden wird oder unklar ist, ist es besser, gleich nachzufragen, damit es nicht zu Missverständnissen kommt. Bei wichtigen oder komplexen Zusammenhängen ist es hilfreich, wenn ich als Gegenüber die Essenz kurz zusammenfasse und wiederhole. Damit zeige ich dem anderen, dass ich aufmerksam bin und das Gesagte verstanden habe.

!

... Mach mit!

Übe mit einer zweiten Person ein Gespräch. Einer nimmt die Rolle des Fragenden ein, der andere die des Antwortenden. Einigt euch über ein neutrales Gesprächsthema (Musik, Kunst, Fußball etc.) und fangt ein Gespräch an. Versucht dabei, dem anderen eure Aufmerksamkeit durch verbales und nonverbales Verhalten zu zeigen, nachzufragen und einzelne Gesprächsabschnitte zusammenzufassen. Danach gegenseitiger Austausch: Wie habe ich mich selbst empfunden, wie hat mich der Gesprächspartner empfunden.

7.2 Die richtigen Fragen stellen

Beim Formulieren von Fragen unterscheidet man grundsätzlich zwischen geschlossenen und offenen Fragen. Die geschlossene Frage, auf die normalerweise mit „Ja" oder „Nein" geantwortet wird, ist dazu da, einen Gesprächsabschnitt abzuschließen oder sich einer Sache rückzuversichern, ohne dass man den Inhalt weiter ausführen möchte (Bist du damit einverstanden? Trifft das so zu? Hast du da angerufen? etc.).

Die offenen Fragen wollen ein Gespräch eröffnen oder weiterführen, der andere kann nicht mit Ja oder Nein antworten, sondern muss inhaltlich auf die Frage eingehen und das Gespräch fortsetzen. Offene Fragen öffnen ein Gespräch positiv und geben dem Gegenüber die Chance, seine Wertung, seine Wahrheit, seine Wünsche und seine Meinung zu äußern. Offene Fragen beginnen mit einem W-Fragewort:

Wer...?	–	Zielverantwortung
Wie...? Wohin...?	–	Zielweg
Wann...?	–	Zielfrist
Wo...?	–	Zielort
Wie viel...?	–	Zielmenge
Wozu...? Weshalb...?	–	Zielgrund
Wie lange...?	–	Zielzeit
Was...?	–	Zielinhalt

Fragen können effektiv eingesetzt werden, wenn der Fragesteller weiß, worauf er hinaus möchte. Dafür braucht man zum einen Erfahrung und zum anderen eine gute Vorbereitung (Im Vorfeld schon Ziele und Fragen für das Gespräch überlegen). Wenn ich Informationen von meinem Gegenüber bekommen will oder wissen möchte, was passiert ist, frage ich z.B.: Womit hast du Probleme? Wie geht es dir dabei? Wie viele Leute waren da? Möchte ich meinem Gegenüber aber Dinge bewusst machen, stelle ich andere Fragen, wie: Wie findest du den Neuen? Was hast du dafür gemacht? Wie erreichst du das Ziel? Aber es gibt auch Fragen, die das aktive Tun des anderen fördern und herausfordern, wie zum Beispiel: Was möchtest du jetzt tun? Was willst du verändern? Wie kannst du das erreichen? Effektive Fragen erleichtern das Antworten und beeinflussen maßgeblich ein Gespräch.

Fünf Kennzeichen guter Fragen (nach Ogne/Nebel):
(1) Die Fragen müssen klar und leicht verständlich sein. Sind die Fragen zu komplex oder stellt man zu viele Fragen, verwirrt das dein Gegenüber.

(2) Fragen müssen zu beantworten sein. In einem Mentoringgespräch, das zeitlich begrenzt ist, sollte eine Antwort nicht eine Stunde dauern. Deshalb sollten Fragen spezifisch gestellt werden.

(3) Gute Fragen erfordern Zeit zum Nachdenken. Nur schlechte Fragen fordern nicht zum Denken auf. Auch kurze Pausen, Zeiten zum Nachdenken gehören zu einem Gespräch, sowohl für den Mentor als auch für den Mentee. Dadurch sollte sich der Mentor nicht verunsichern lassen und vor allem nicht die gestellte Frage selbst beantworten!

(4) Gute Fragen führen zur Selbsterkenntnis. Damit schlägt der Gefragte einen eigenen Erkenntnisweg ein, was für eine positive Veränderung sehr wichtig ist.

(5) Gute Fragen regen zum Nachdenken und Neuausrichten an.

!

... Mach mit!

Übe Fragestellungen mit einer anderen Person an einem neutralen Thema, zum Beispiel anhand von Blumen. Versuche alle Informationen deines Gegenübers über Blumen herauszubekommen. Versuche ihm bewusst zu machen, dass ein Leben mit Blumen viel angenehmer ist und motiviere ihn, Blumen zu pflanzen oder irgend jemandem Blumen zu schenken. Das Gespräch zusammen auswerten.

7.3 Aktive Ich-Botschaften

Unumgänglich in einem Mentoringgespräch sind Ehrlichkeit und Aufrichtigkeit. Dies fällt aber oftmals schwer, wenn es um negative Gefühle oder gar Bewertungen einer Sache geht. Oftmals ist es schwierig, seinem Gegenüber seine Meinung mitzuteilen, ohne ihn zu verunsichern oder sogar zu verletzten. Eine Hilfe dafür sind die sogenannten aktiven Ich-Botschaften, in dem ich meinem Gegenüber meine Freude, meinen Unmut mitteile, aber auch Grenzen und Konsequenzen aufzeige.

Eine aktive Ich-Botschaft beinhaltet (nach Toelstede) vier Elemente:

(1) Aufmerksam sein

(2) Beschreibung der Situation in der Gegenwartsform

(3) Das Erkennen und Formulieren des eigenen Gefühls

(4) Offene, aufrichtige Aussprache des Veränderungswunsches

Besonders der dritte Punkt ist sehr wichtig. Es fällt oft schwer, die eigenen Gefühle zu erkennen und, vor allem, dem anderen mitzuteilen. Angst, Ärger, Freude, Betroffenheit oder Enttäuschung kommen aber in schwacher oder stärkerer Form in jedem Mentoringgespräch vor. Deshalb ist es notwendig, diese Gefühle in der Ichform, ohne den anderen anzugreifen, mitzuteilen. Dies kann zum Beispiel folgendermaßen aussehen:

- Ich bin neugierig.
- Ich ärgere mich darüber.
- Das bedrückt mich.
- Ich spüre Zweifel.
- Das finde ich gut.
- Ich fühle jetzt...
- Ich spüre, wie ich...
- Ich bemerke, wie alles in mir...

Durch diese subjektiven Mitteilungen öffnet man sich seinem Gegenüber und lässt es ein Stück in seine eigene Gefühlswelt einblicken. Darauf kann der andere jetzt reagieren, und die Gefühle stauen sich nicht auf, sondern können erklärt, geklärt und ausgeräumt werden. Wichtig dabei ist, dass man sich nicht im Ton vergreift. Eine Ich-Botschaft kann ruhig emotional sein, darf aber nicht aggressiv oder anklagend wirken. Um so früher man mit solchen Reflektionen der eigenen Gefühle anfängt, um so leichter fällt es.

... Mach mit!

Welche von den folgenden Fragen sind Ich-Botschaften?

a) Ich freue mich über deinen großartigen Erfolg O
b) Sei still! O
c) Deine Auswertungen gefallen mir sehr gut. O
d) Ich ärgere mich über deine Unpünktlichkeit. O
e) Dieser Tag war für mich entsetzlich. O
f) Wir alle verstehen das. O
g) Ich bin fix und fertig, können wir uns morgen noch mal treffen. O
h) Du bist der Beste, den ich kenne. O
i) Ich kann das nicht fassen. O

Lösung: a), c), d), e), g), i)

8. Vorstellung drei bekannter Mentoring-Modelle[7]

Im folgenden sollen drei bekannte Mentoring/Coaching-Modelle vorgestellt werden, die schon seit einiger Zeit in der Praxis erprobt wurden. Vielleicht kannst du mit dem einen oder anderen Modell nichts anfangen, oder du findest nur Teile daraus anregend. Das ist völlig o.k., diese Modelle sollen vor allem aufzeigen, wie systematisches Mentoring praktiziert wird und dazu ermutigen. Vielleicht findest du die eine oder andere Anregung für dich, sei es als Mentee oder als Mentor.

8.1 Das GROW-Modell von Whitmore

Eines des bekanntesten Konzepte ist das GROW-Modell von John Whitmore. Seine Bekanntheit hat sicher auch damit zu tun, dass es sehr einprägsam ist.

Das GROW-Modell von Whitmore:

Goals	–	Ziele
Reality	–	Realität
Options	–	Möglichkeiten, Optionen
Will	–	Wille, Bereitschaft

GROW, im Englischen bedeutet das Wort „wachsen", steht hier für vier Abschnitte im Ablauf eines Mentoring-Treffens: **G**oals – **R**eality – **O**ptions – **W**ill.

Folgende Notizen machte sich ein Hauskreis-Mentor während eines Mentoring-Treffens mit einem Hauskreisleiter (nach dem GROW-Modell):

G(oals): Martin möchte etwas an der Situation seines Hauskreises ändern.

R(eality): Seit 6 Monaten ist ein neuer Teilnehmer im Kreis. Er scheint psychisch krank zu sein und dominiert mit seinen Problemen die Abende. Andere können sich kaum einbringen, Teilnehmer haben sich beim Leiter bereits beschwert. Der Leiter erfuhr vom Gemeindeleiter, dass -ginge es nicht anders– man den Teilnehmer aus dem Kreis nehmen würde. Dies sei schon öfter passiert. Der Hauskreisleiter fühlt sich in der Zwickmühle. Er möchte nicht, dass der Mann wieder eine schlechte Erfahrung macht und einmal mehr aus einer Gruppe fällt. Er befürchtet aber, dass auf Dauer der gesamte Kreis unter der Situation leidet.

O(ptions): 1. Eine Sozialpädagogin in der Gemeinde bitten, ihm etwas über psychische Erkrankungen zu sagen, um den Teilnehmer besser zu verstehen.
2. Mit dem Mann sprechen und ihm erklären, dass man ihm gerne zuhört und hilft, andere Teilnehmer jedoch auch Raum brauchen.
3. Den Gemeindeleiter bitten, einen anderen Hauskreis zu finden.
4. Mehr für die Situation und mögliche Lösungen beten.
5. Mit den anderen Teilnehmern sprechen und sie um Verständnis für die Situation bitten.
6. Den Ablauf der Abende straffer gestalten und die Gespräche stärker leiten.

W(ill): Entscheidung für folgende Lösungen:
1. Mehr für die Situation beten, um stärker als bisher Gottes Führung zu erkennen.
2. Dass der Mann den Hauskreis vorerst nicht verlässt.
3. In den nächsten zwei Wochen Zeit mit dem Mann verbringen, um zu entdecken, ob man ihn behutsam um etwas mehr Zurückhaltung bitten kann.
4. Nachdenken, wie er durch straffere Leitung der Abende anderen Teilnehmern mehr Gesprächsbeteiligung geben kann.

Besonders für analytisch denkende Menschen kann das GROW-Modell sehr hilfreich sein, denn sie arbeiten systematisch und steuern zielstrebig auf eine Entscheidung zu. Inhaltlich ist John Whitmores Methode vor allem dann gut einsetzbar, wenn der Mentee über Fragen seines Berufs arbeiten möchte. Haupt– wie ehrenamtliche Mitarbeiter können hier zu greifbaren Ergebnissen kommen, Zwischenschritte planen und sich über notwendige Unterstützung klar werden.

8.2 Das 4R-Modell von Robert Logan

Dieses Mentoring-Konzept erfasst sehr konkret die Situation und das persönliche Leben eines Menschen. Zwischen diesen beiden Bereichen bewegt sich Mentoring mit den vier Elementen:

Reflexion (**R**eflect)
Neuausrichtung (**R**efocus)
Ressourcen (**R**esources)
Mentoringbeziehung (**R**elate)

Der Mentor hilft, über das eigene Leben nachzudenken und sich wieder neu auf Ziele, die eigene Berufung und Gottes Willen auszurichten. Dabei weist er auf mögliche Ressourcen (andere Menschen, Bücher, Seminare etc.) hin und vertieft auch die Beziehung zwischen sich und dem Mentee.
Im Verlauf des Gesprächs setzt der Mentor eine Reihe unterschiedlicher Hilfsmittel ein, die dem Mentee verschiedene Zugänge zu seinem Thema ermöglichen. Folgende „Tools" möchte ich Dir vorstellen:

1. Das Stärke-Schwächen-Quadrat
2. Die EBV-Analyse
3. Die Analyse der idealen Zukunft

Das Stärke-Schwächen-Quadrat
Mit dem Stärke-Schwächen-Quadrat kann der Mentor seinem Gesprächspartner einen tiefen Einblick in seine Situation ermöglichen.
Den Ablauf der Gespräche gliedert Logan, indem er erst Gelegenheit dazu gibt, Erfolge zu feiern (Stärken), um danach auf mögliche Probleme (Schwächen) zu sprechen zu kommen. Nach einem Gebet werden Schlüsselthemen aufgegriffen und nach Lösungen (Möglichkeiten) gesucht. Hier wird

auch geklärt, wo Ängste, Befürchtungen und Bedrohungen einen Fortschritt verhindern können. Nach der Aktionsplanung klingt das Treffen damit aus, dass der Termin und eventuell auch Themen für das nächste Gespräch geklärt werden.

Die EBV-Analyse
Ebenso praktisch anwendbar ist die EBV-Analyse, die dem Mentee große Freiheit lässt. Er muss sich nicht völlig von der bisherigen Situation verabschieden, kann gleichzeitig Ziele anvisieren und mögliche Ängste äußern. Er kann klären, was er „Erreichen", „Bewahren" und „Vermeiden" möchte.
Mit Unterstützung des Mentors brainstormt der Mentee, was eine Lösung für seine Situation leisten muss und was sie auf keinen Fall anrichten darf. Dieses Werkzeug eignet sich übrigens auch hervorragend in einer Gruppen-Mentoring-Situation, in der zum Beispiel ein Team begleitet wird. Hier können echte Teamentwicklung und das Herausbilden gemeinsamer Werte gefördert werden.
Von dem Mentor fordert diese Art des Mentoring besondere Aufmerksamkeit, Sensibilität und Hören auf Gottes Willen. Nicht jede längere Gesprächspause macht ein neues Werkzeug nötig und nicht jedes Werkzeug ist im Moment gerade angebracht. Zum Beispiel hatte ich vor einiger Zeit ein Mentoringgespräch mit einer Hauskreisleiterin. Sie hatte ein Problem, das mit dem eigentlichen Thema unseres Treffens „Entwicklung im Dienst" wenig zu tun hatte. Es dauerte nicht lange, bis ich in diesem Gespräch bemerkte, dass der Dienst im Moment keine Priorität hatte, sondern dass es stärker um eine persönliche Frage ging. Das 4R-Modell öffnet mir in diesen Situationen den Blick dafür, dass es vielleicht gar nicht um das ursprünglich angedachte Thema geht, indem es mich immer wieder an diese verschiedenen Bereiche erinnert.

Die Analyse der idealen Zukunft
Dieses Gespräch ging einen ganz anderen Weg. Von der Betrachtung der derzeitigen Situation und der „idealen Zukunft" (was beide Male auch die persönliche Situation einschloss) gelangten wir zu einer Aktionsplanung, in der wir gemeinsam mögliche Schritte erarbeiteten, die meine Gesprächspartnerin bewertete.
Je nach Situation und Thema kann der Mentor jonglieren und während des Gesprächs immer wieder Umwege machen, wenn der Mentee die Möglichkeit braucht, den Gegenstand des Treffens aus einer völlig anderen Perspektive zu betrachten. Grundsätzlich bieten auch die beiden anderen Konzepte diese Freiheit, hier ist sie aber besonders deutlich zu spüren.

8.3 Die sieben Schritte nach Ogne

Steven Ogne hat sieben Schritte für ein Mentoringgespräch und eine Mentoringbeziehung entwickelt, die sehr hilfreich sein können, da sie einfach und praktisch anzuwenden sind:

1. Zuhören
2. Feiern
3. Sich kümmern
4. Strategie entwickeln
5. Fähigkeiten trainieren
6. Charakter entwickeln
7. Herausfordern

Das Mentoringgespräch beginnt mit den Schritten „Zuhören" (Wie geht es dir? Wie war dein Tag heute?), Feiern (Was tut Gott gerade in deinem Leben, in deinem Dienst?) und sich kümmern (Wie geht es dir wirklich? Wie geht es dir persönlich?). Von dort aus werden Strategien entwickelt (Welche Möglichkeiten hast du?) und Entscheidungen getroffen, wie der Mentee Fertigkeiten trainieren kann (Welche Fähigkeiten benötigst du dafür?) und wie er seinen Charakter entwickeln kann (Wo möchtest du in der Nachfolge Jesu wachsen?). Die konkrete Herausforderung schließlich ist der letzte Punkt in dem Gespräch (Was willst du bis wann tun?). Jedes dieser „Elemente", schreibt Ogne, kann Teil jedes Mentoringgesprächs sein, sollte aber auf jeden Fall Bestandteil einer kontinuierlichen Mentoring-Beziehung sein.

Bei Ogne spielen die persönliche Komponente und die Mentoringbeziehung ebenfalls eine wichtige Rolle, das Modell hat jedoch sehr klar einen linearen Charakter. Ähnlich wie auch das Konzept von Whitmore hat es seine Grenzen, wenn der Gesprächspartner nicht dazu in der Lage oder vielleicht auch nicht bereit dazu ist, sich auf diese klare Gliederung einzulassen. Ich erlebe es immer dann als hilfreich, wenn es keine großen Krisen gibt, in denen der Leiter emotional besonders gefordert ist.

! ... Mach mit!
Such dir einen Partner, wählt zusammen ein Modell aus und spielt eine Sitzung durch. Setzt euch dabei ein Ziel für diese Sitzung, über das ihr reden wollt und geht den vom jeweiligen Modell vorgeschriebenen Ablauf durch!

KAPITEL 3

Der Mentor

1.Was heißt es, Mentor zu sein?

Mentor zu sein ist ein großes Vorrecht und eine große Freude. Anderen Menschen in ihrer Glaubensentwicklung zu helfen und zu sehen, wie Gott an ihnen wirkt und Menschen oder Probleme verändert, ist eine tolle Erfahrung.
Mentor zu sein bedeutet auch Vorbild zu sein. Auf der einen Seite habe ich Angst, ein Vorbild zu sein, da ich denke, dass ich ein schlechtes Vorbild sein könnte. Auf der anderen Seite weiß ich, dass besonders junge Menschen Vorbilder suchen. Menschen, die für sie Orientierungspunkte sind, die für sie da sind und mit denen sie über ihr Leben sprechen können. Leitplanken in einer immer unsicherer werdenden Welt. Dabei geht es nicht darum, fehlerfrei zu sein, sondern um die Frage: Wie gehe ich mit meinen Fehlern um? Ich glaube, dass die meisten jungen Leute kein perfektes Vorbild suchen, sondern ein authentisches Vorbild, jemanden, der echt ist und sie hineinnimmt in sein Leben und seinen Glauben.
Ein Mentor soll seinem Mentee helfen, sein von Gott gegebenes Potenzial an Gaben zu entfalten. Das ist eine tolle, wenn auch nicht immer einfache Herausforderung.
Vor einiger Zeit habe ich einen jungen Geschäftsmann kennengelernt, der in seiner bislang kurzen Karriere riesigen Erfolg hat. Er ist Vermögensberater, hat 20 Leute angestellt und jongliert jeden Tag mit Millionenbeträgen. Wir kamen ins

Gespräch, und ich habe ihn in unseren Gottesdienst und dann in unseren Hauskreis eingeladen. Er ist sehr interessiert am Glauben und versucht, vielem auf den Grund zu gehen. Aber er muss sich eingestehen, dass er sich in vielem nicht so gut auskennt wie in seiner Finanz- und Aktienwelt. Als wir auf das Thema Finanzen zu sprechen kamen und ich ihm erzählte, dass ich in dieser Hinsicht eher ein Chaot bin und meine Finanzen nur mühsam in den Griff bekomme, hat er mir einen Deal vorgeschlagen: „Wir treffen und regelmäßig und ich erzähle dir alles über den Umgang mit Geld und du lehrst mich alles über die Bibel und Gott." Was für ein Deal! Was für eine Chance, eine neue Mentoringbeziehung zu beginnen. Ich bin sehr gespannt, was dabei herauskommt.
Als Mentor muss ich mich immer wieder auf neue Situationen und Menschen einlassen, denn es geht nicht in erster Linie um mich, sondern um den Mentee und die Mentorenbeziehung.

Bereitschaft und Voraussetzungen eines Mentors:
Hier geht es noch nicht um bestimmte Eigenschaften oder gar Qualifikationen eines Mentors, sondern um ganz einfache Grundvoraussetzungen, die jeder Mensch einsetzen kann, wenn er möchte.

– *Freude am Weitergeben*
  Ein Mentor braucht die Bereitschaft, persönliche Erfahrungen an seinen Mentee weiterzugeben. Er sollte Freude empfinden bei seiner Aufgabe und es sollte keine Belastung für ihn sein.

– *Liebe für den Mentee*
  Eine Mentoringbeziehung ist keine neutrale Sache, sondern eine leidenschaftliche Beziehung. Ein Mentor, dem

sein Mentee egal ist, kann ihm kaum helfen. Der Mentor sollte den Mentee schätzen, akzeptieren und lieben.

– *Freisetzen von Fähigkeiten*
Als Mentor sollte man einen Blick für seinen Schützling haben, sein Potenzial erkennen und ihm helfen, es freizusetzen. Ein Mentor, der keinen positiven Blick für seinen Mentee hat, wird es sehr schwer haben, ihm wirklich zu helfen.

– *Geistliche Verantwortung*
Mentor zu sein bedeutet Verantwortung zu übernehmen. Das heißt nicht, dass der Mentor für das Handeln seines Mentee komplett verantwortlich ist, aber als Mentor möchte man das Beste für seinen Mentee, sowohl im geistlichen als auch im persönlichen Bereich. Der Mentee beginnt dem Mentor zu vertrauen und seine Ratschläge sehr ernst zu nehmen, vielleicht sogar richtungsweisende Lebensfragen mit ihm zu bereden, das bedeutet für den Mentor Verantwortung.

– *Bereitschaft zur Vergebung:*
Es wird auch in einer Mentoringbeziehung Schwierigkeiten geben, vielleicht werde ich ganz persönlich vom Mentee verletzt und enttäuscht. Bin ich bereit zu vergeben? So wie Jesus mir immer wieder vergibt und mir immer wieder eine neue, unverdiente Chance gibt, darf ich meinem Mentee auch immer wieder vergeben.

– *Gastfreundschaft*
Ein Mentor sollte gastfreundlich sein und den Mentee auch in seine Wohnung einladen. Eine private Atmosphäre und der (teilweise) Einblick ins Privatleben stärkt das Vertrauen und die Gemeinschaft.

– *Authentischer Lebensstil*
Als Mentor soll ich für meinen Mentee ein Vorbild durch mein Leben sein. Nicht nur durch das, was ich sage, soll ich ihm helfen, sondern vor allem durch das, was ich lebe. Kaum etwas beeindruckt heutzutage jemanden so wie ein authentisch gelebtes Christsein, kaum etwas ist aber auch schwerer zu leben.

– *Gefestigte Persönlichkeit*
Als Mentor muss ich nicht alle persönlichen Fragen geklärt haben, aber ich sollte eine gefestigte Persönlichkeit haben, damit ich bei schwierigeren Problemen nicht gleich „zusammenklappe".

– *Geistliche Hingabe*
Als Mentor sollte man ein geistliches Vorbild für seinen Mentee sein. Dies bedeutet auf keinen Fall einen falschen Perfektionismus, sondern eine echte Hingabe an Gott. Ein Zeichen geistlicher Größe ist es, Fehler zuzugeben und offen darüber zu reden.

– *Vertrauen*
Der Mentor sollte anfangen, seinem Mentee zu vertrauen, ihm sozusagen Vertrauen vorzuschießen. Natürlich besteht auch die Gefahr, enttäuscht zu werden, aber ohne Vertrauensaufbau ist keine tiefergehende Beziehung möglich.

– *Praktische Hilfen*
Braucht der Mentee finanzielle Hilfe? Kann ich ihm eine Fortbildung empfehlen oder bestimmte Bücher schenken oder ausleihen. Es ist wichtig, dass der Mentor auch in praktischen Dingen ein „Auge" für seinen Mentee hat.

– *Ermutigung*
Es gibt im Schwäbischen ein Sprichwort: „Nichts gesagt ist auch gelobt!" Ein Mentor sollte seinen Schützling ermutigen, ihn loben, wenn er Fortschritte macht oder sich bemüht. Herausforderungen und Ermutigungen gehören zusammen!

– *Zeit*
Muss ich als Mentor investieren, sonst werden all die eben beschriebenen Voraussetzungen zur theoretischen Makulatur.

! ... Mach mit!
Welche Voraussetzungen fallen mir leicht und bei welchen sehe ich bei mir Schwierigkeiten?

2. Beide sind Gewinner

Eines ist in einer Mentoringbeziehung klar: beide gewinnen. Nicht nur der Mentee profitiert von der Beziehung, sondern auch der Mentor. Er wird immer wieder herausgefordert, lernt, auf andere Personen einzugehen, bekommt Erfahrung, wächst im Glauben, wird selbst hinterfragt, lernt Treue und Verantwortung, macht positive und negative Erfahrungen und viele Dinge mehr. Mentor zu sein ist eine große Herausforderung, mit der man aber bei jedem Treffen wächst.
Ich muss sagen, dass ich als Mentor sehr viele tolle Erlebnisse mitmachen durfte. Es gibt kaum etwas Schöneres, als wenn der Mentee nach Wochen zähen Ringens und Kämp-

fens einen geistlichen Durchbruch schafft oder eine tiefe Verletzung überwindet. Gleichzeitig sind diese Wochen des Kämpfens auch hart und für mich immer wieder eine hohe Herausforderung, in der ich oftmals denke, dass ich ihr nicht gewachsen bin. Aber gerade diese Schwäche treibt mich ins Gebet und zu Gott. Bei ihm kann ich abladen und neue Hoffnung und neuen Mut für mich und meinen Mentee schöpfen. Es ist gut zu wissen, dass ich nicht das letzte Glied in der Kette bin, sondern dass Gott um mich und die ganze Mentoringbeziehung weiß.

– *Das Vorrecht, anderen Menschen zu helfen*
  "... denn die Liebe, die wir geben, kehrt ins eigene Herz zurück!" Diesen pathetischen Spruch habe ich in meiner Grundschulzeit immer in die Poesiealben meiner MitschülerInnen geschrieben. Aber, wie es meistens so ist, steckt auch eine Menge Weisheit in solchen Sprüchen. Besonders in meinen Mentoringbeziehungen erlebe ich immer wieder, dass es ein besonderes Vorrecht ist, dem Mentee zu helfen, sei es in praktischen, persönlichen oder geistlichen Fragen. Ich glaube, dass Gott seinen Segen auf Menschen legt, die sich für sein Reich und seine Leute einsetzen.

– *Freundschaften können entstehen*
  Immer wieder erlebe ich, dass aus einer Mentoringbeziehung eine echte Freundschaft erwächst. Dass ich als der Gebende, der Mentor, der geistliche Vater angefangen habe und die Ebenen der Beziehung sich nach Jahren so verändert haben und ich nach einiger Zeit einen Mentee verloren, aber einen Freund gewonnen habe. Dies ist nicht nur eine schöne Erfahrung, sondern auch eine wirkliche Bereicherung meines Lebens.

– *Persönliche Herausforderung*
Man wächst ja bekanntlich nur durch Herausforderungen. Dies kann ich in Bezug auf meine Mentorenschaft nur betätigen. Ich muss mich mit Themen auseinandersetzen, die ich sonst umgehen würde, ich versuche Menschen zu helfen, denen sonst nicht zu helfen ist. Ich bitte Gott um Gnade, weil ich selbst nicht mehr weiter weiß. Diese Erfahrungen, die zwar in den jeweiligen Situationen nicht immer schön sind, helfen mir persönlich in meiner Entwicklung und treiben mich immer näher zu Gott. Es sind Herausforderungen, die sich in meinem eigenen Leben auszahlen.

! ... Mach mit!
Was kannst du als Mentor innerhalb einer Mentoringbeziehung lernen? Woran kannst du persönlich reifen und wachsen?

3. Eigenschaften eines Mentors

! ... Mach mit!
Welche Eigenschaften/Qualitäten braucht deiner Meinung nach ein Mentor?

Welche Eigenschaften sollte ein Mentor für sein Leben anstreben? Dies ist sicherlich eine entscheidende und zugleich heikle Frage, auf die es keine endgültige Antwort gibt. Sicher ist, dass er nicht auf alles Antwort haben, kein Problemlöser sein muss, nicht geistlich alles im Griff haben und auch fachlich nicht der Experte sein muss. Immer wieder wird von einem Mentor gefordert, dass er vor allem Sachkenntnis auf dem Gebiet braucht, auf dem er seinem Mentee weiterhelfen soll. Ich glaube, dass dies nicht stimmt. Ein Mentor soll vor allem das Potenzial seines Schützlings erkennen und ihm helfen, es selbst zu erkennen und daran zu arbeiten. Er soll die Eigenverantwortlichkeit des Mentees fördern und ein echtes Interesse an seinem Schützling haben. Ein Mentor muss durch Fragen den Mentee herausfordern und ihn auf den richtigen Weg bringen. Dazu braucht er vor allem in geistlichen Fragen eine enge und authentische Verbindung zu Gott. Gott selbst ist es, der durch den Mentor an dem Mentee arbeiten möchte, nur er kann ihn bleibend verändern. Der Mentor ist auch Medium, durch das Gott wirken möchte.

Einige Eigenschaften oder Qualitäten, die diese Arbeit unterstützen und die für eine Mentoringbeziehung wichtig sind, sind hier aufgelistet:

- Ehrlichkeit gegenüber dem Mentee
- geduldig sein
- objektiv sein
- Bereitschaft, selbst zu lernen und auch zu lehren
- Bereitschaft, zu dienen
- Glaube an die versteckten Gaben im Menschen
- ermutigend sein
- interessiert sein
- ein guter Zuhörer
- jemandem helfen, seine Pläne und Träume für die Zukunft zu entwickeln

– selbstreflektierend sein
– aufmerksam sein
– die Verpflichtung gegenüber seinem Mentee wahrnehmen
– zurückhaltend sein
– Transparenz
– Offenheit, unterstützend sein
– für sich und seinen Mentee zu beten

Es gibt sicherlich noch eine ganze Menge von Eigenschaften, die für einen Mentor wichtig, aber nicht immer entscheidend sind. Die Versuchung ist immer wieder groß, einen Mentor in ein bestimmtes Schema zu pressen oder sogar zu denken, dass man ohne bestimmte Eigenschaften überhaupt kein Mentor sein kann. Dabei legen wir die Messlatte oftmals viel zu hoch und manchmal wollen wir uns mit übertriebenen Ansprüchen selbst aus der Verantwortung ziehen.

! ... Mach mit!
Versuche aus der folgenden Liste die drei wichtigsten Eigenschaften für einen Mentor zu wählen![8]

– hat Geduld
– sieht gut aus
– hat Mitleid
– hat Sinn für Humor
– ist reif
– ist jung
– liebt Gott
– ist ehrlich
– hat das gleiche Geschlecht wie sein Schützling

- hat Geld
- ist cool
- kümmert sich um seinen Mentee
- versteht die Jugendkultur
- ist mutig
- ist unveränderbar
- kennt die Bibel

- hat Geduld
- sieht gut aus
- hat Mitleid
- hat Sinn für Humor
- ist reif
- ist jung
- liebt Gott
- ist ehrlich
- hat das gleiche Geschlecht wie sein Schützling
- hat Geld
- ist cool
- kümmert sich um seinen Mentee
- versteht die Jugendkultur
- ist mutig
- ist unveränderbar
- kennt die Bibel

- hat ein solides Leben
- vergibt
- hat viele Verbindungen
- hat Zeit zu geben
- ist intelligent
- liebt Teenager und Jugendliche
- ist extrovertiert
- hat hohe moralische Ansprüche

- glaubt an das Gebet
- kommuniziert gut
- ist athletisch
- liebt Jesus Christus
- hat eine starke Familie
- wird von anderen respektiert
- liebt moderne Musik
- hat das alles auf einmal

Die Auswahl fällt gar nicht so leicht, jeder erwartet von seinem Mentor individuell andere Eigenschaften. Auch deshalb ist es wichtig, dass ein Mentor seinen Mentee oder umgekehrt aussucht.
Wenn es um einen geistlichen Wachstumsprozess geht, kann man die Aufgaben des Mentors auf vier wichtige Punkte reduzieren:

Hingabe: Regelmäßiges vertrauendes Gebet zu Gott, Gott näher kennenzulernen.
Bibelstudium: Der Mentee soll lernen, Gottes Wort anzuwenden; er lernt, geistlich zu wachsen.
Beziehungen: Er soll den Wert von Beziehungen und Gemeinschaft kennenlernen und sich regelmäßig mit anderen Christen treffen.
Dienst: Es muss ihm ein Anliegen werden, für andere Menschen zu beten, und das, was er selbst in der Nachfolge lernt, mit anderen teilen.

Günter Krallmann beschreibt in seinem Buch „Leidenschaftliche Leiterschaft" die Aufgaben und Eigenschaften eines Leiters nach dem biblischen Vorbild Jesus Christus folgendermaßen:[9]
Ein Mentor im biblischen Sinne ist jemand, der eine enge Be-

ziehung zu einem Schützling aufbaut und auf der Grundlage von Gemeinschaft, Vorbild, Rat, Ermutigung, Korrektur, praktische Hilfe und Gebet seinen Schüler dahin bringt, ein tiefes Verständnis der göttlichen Wahrheit zu erlangen, ein Leben in größerer Heiligkeit zu führen und Gott wirksamer zu dienen.

4. Die Auswertung eines Mentoren-Gesprächs

Es ist gut, wenn man sich nach einem Gespräch Gedanken macht und sich selbst ein Stück weit in Frage stellt. Als Mentor möchte man seinem Mentee helfen, und dafür muss man auch an sich arbeiten. Denke nach einem Mentoringgespräch über folgende Fragen nach:

- Wie gut habe ich zugehört?
- Welche Fragen habe ich gestellt?
- Wie habe ich meine Anteilnahme gezeigt?
- Wie und wann haben wir gebetet?
- Wie steht es um die Motivation von Mentor und Mentee?
- Was haben wir gefeiert?
- Welche Fortschritte sind zu sehen?
- Welchen Themen müssen wir uns widmen?
- Welche Schulungen oder Materialien sind nötig?
- Wie entwickelt sich der Charakter des Mentee?
- Ist es mal wieder Zeit für gemeinsame Auswertung?
- Sollen wir mal wieder zusammen etwas unternehmen?
- Brauchen wir mehr Abwechslung?
- Gibt es Probleme und Fragen, mit denen ich selber nicht zurecht komme?
- Liegt mir das Wohlergehen meines Mentees noch am Herzen?

- Wie wird der Mentee herausgefordert und motiviert?
- Welche Hausaufgaben wurden gestellt?
- Welche Nacharbeit ist nötig?
- Ist der Zeitrhythmus und die Zeitlänge noch angemessen?

Es kann auch hilfreich sein, wenn man sich eine Art Plan zurechtlegt, nach dem man zusammen vorgehen kann. Mir persönlich hilft es am meisten, wenn ich eine Auswertung direkt nach dem Mentorengespräch mache. Ich bin noch in Gedanken im Gespräch, die Fragen und Themen sind präsent, und ich kann mir überlegen (schriftlich oder in Gedanken), was als nächstes zu tun ist, was dran wäre und wofür ich bis nächste Woche beten möchte. Ich habe die Erfahrung gemacht, dass ich keine Auswertung mache, wenn ich sie nicht sofort mache. Es kommen immer so viele andere Dinge, dass ich es einfach vergesse oder nicht schaffe.

! ... Mach mit!
Was ist dir in einem Mentorengespräch wichtig? Welche Art von Auswertung liegt dir? Was solltest du in Bezug auf eine Auswertung noch lernen?

5. Jesus als Vorbild

Wie ging Jesus als Mentor mit seinen Jüngern um? Günter Krallmann hat am Ende seines Buches „Leidenschaftliche Leiterschaft“ 77 Beispiele als Fazit für einen Mentor herausgearbeitet, die ermutigen sollen, Jesus selbst als Vorbild und

Mentor zu nehmen und ihm in allem nachzustreben. Dabei ist auch klar, dass Jesus eine Mentorenrolle für seine Jünger eingenommen hat, die ich niemals erreichen werde und kann, aber ich darf von ihm lernen. Einige Beispiele sollen kurz vorgestellt werden:[10]

- Er glich seine Methode der Jüngerschaft dem Umfeld an.
- Er ergriff die Initiative und berief eine Kerngruppe von Männern, die ihm folgen sollten.
- Er wählte eine Gruppe aus, die in kultureller Hinsicht homogen war.
- Er bevorzugte eine Teamsituation, in der eine positive Gruppendynamik einsetzte.
- Er berief die Zwölf nicht nur zur Teilnahme an einem Programm, sondern in eine enge persönliche Beziehung.
- Er machte die Verbundenheit mit den Zwölfen zur Grundlage seiner Mentorstrategie.
- Er teilte sein Leben mit seinen Nachfolgern und war ihnen gegenüber transparent.
- Er war sehr offen ihnen gegenüber in seiner Kommunikation.
- Er machte sie zunächst zu seinen Freunden, dann erst zu seinen Stellvertretern.
- Er praktizierte Jüngerschaft als eine dynamische Erneuerung des Lebens aufgrund von Beziehungen.
- Er sprach nie von dem abstrakten Konzept der „Jüngerschaft".
- Er stand seinen Nachfolgern fast immer zur Verfügung.
- Er verbrachte viel Zeit mit ihnen.
- Er achtete darauf, dass die Zeit, die er zu ihrer Schulung benötigte, sowohl qualitativ als auch quantitativ ausreichte.
- Er setzte die Kraft der Persönlichkeit ein.

- Er vermittelte ihnen seine Vision, seine Denk– und Handlungsweise.
- Er sorgte nicht nur für Information auf der Verstandesebene, sondern bewirkte echte Charakterformung.
- Er achtete darauf, dass nicht nur Wahrheit vermittelt, sondern eine Haltung übernommen wurde.
- Er stellte sich selbst als Beispiel hin durch das, was er war, tat und sagte.
- Er lebte, was er lehrte.
- Er selbst war ein Vorbild in allem, was er seine Nachfolger lehrte und wie sie werden sollten.

! ...Mach mit!
Welche Punkte beeindrucken dich an Jesus am meisten? Such dir einen aus, der dich anspricht, und versuch ihn in deinem Leben umzusetzen!

6. 50 Tipps für die Mentorenbeziehung

Du hast jetzt schon einige Male gehört, dass es wichtig ist, Vertrauen zu bauen, dass eine Beziehung wachsen und dass man sich kennenlernen muss. Eine Hilfe dabei, insbesondere wenn man Mentees im Alter zwischen 15 und 25 Jahren hat (aber auch darüber), sind gemeinsame Unternehmungen. 50 kunterbunte Vorschläge, die du nicht alle machen musst, sollen kurz vorgestellt werden:[11]

1. Geht zusammen auf Turniere oder zu Spielen (Fußball, Basketball, Dart etc.).

2. Macht zusammen Stille Zeit.
3. Geht Billard spielen.
4. Arbeitet an einem sozialen Projekt.
5. Geht zusammen ins Kino.
6. Macht eine Berg– oder Skiwanderung.
7. Fahrt Fahrrad.
8. Geht zusammen einkaufen.
9. Helft einem Obdachlosen.
10. Baut ein Modellflugzeug.
11. Spielt Computerspiele.
12. Fahr deinen Mentee zu Terminen.
13. Wascht ein Auto, deines, seines oder schraubt zusammen am Motorrad.
14. Besucht einen Schulkameraden, Freund oder gemeinsamen Bekannten.
15. Lest zusammen ein Buch der Bibel.
16. Putz deinem Mentee die Wohnung oder hilf beim Aufräumen der Garage etc.
17. Kocht zusammen.
18. Geht angeln.
19. Baut einen Drachen und lasst ihn steigen.
20. Gib deinem Mentee Gitarrenstunden – oder lass dir von ihm welche geben.
21. Besucht Konzerte.
22. Zieht los und macht beide Bungee-Jumping.
23. Erforscht zusammen Themen in der Bibel.
24. Erforscht einen unzugänglichen Wald, eine Höhle oder ähnliches.
25. Backt einen Kuchen und dekoriert ihn für jemanden drittes.
26. Geht zu einem Abenteuerpark.
27. Geht nachts Grillen mit Übernachtung unter Gottes gigantischem Sternenhimmel.

28. Geht Zelten.
29. Spaltet Holz zusammen.
30. Geht Jagen – mit der Kamera.
31. Trainiert zusammen oder macht Aerobics.
32. Spielt „Siedler von Catan“ oder andere Spiele bis morgens um 3.00 Uhr.
33. Näht Klamotten.
34. Geht zum Freeclimbing.
35. Lest Romane.
36. Besucht ein Museum.
37. Macht eine Fotocollage.
38. Sammelt altes Zeug.
39. Geht Schwimmen.
40. Mäht heimlich jemandes Rasen, während er weg ist.
41. Dreht zusammen einen Film.
42. Startet eine Gebetsfrühstücksgruppe.
43. Geht im Winter Schlittenfahren oder Iglubauen.
44. Macht Spaziergänge in Feld, Wald und Flur – kann ja auch ruhig mal die Luftlinie sein (hoppla, eine Schlucht, na ja, da muss man durch).
45. Geht zum Flughafen und beobachtet Flugzeuge oder fliegt irgendwo hin
46. Hilf bei Hausaufgaben.
47. Besucht jemanden im Krankenhaus.
48. Lade deinen Mentee zu dir nach Hause ein.
49. Macht ein Wettessen bei Mc Donalds.
50. Macht eine Kanutour.

oder________________________

! . . .Mach mit!
Such dir fünf Unternehmungen aus, die du gerne machen würdest.

7. 99 ausgezeichnete Mentoring-Fragen[12]

Fragen stehen im Mittelpunkt eines Mentoringgesprächs. Die folgenden Fragen dienen als Anregung und orientieren sich an den sieben Schritten nach Ogne. Sie werden durch zusätzliche, nach Themen geordnete Fragen ergänzt.

Aktiv zuhören
– Wie läuft deine Arbeit?
– Wie geht es dir persönlich?
– Wie geht es deiner Familie? Deinem Ehepartner?
– Wie war dein Treffen letzte Woche?
– Wie geht es dir und Gott?
– Welche Themen sind für dich zur Zeit wichtig?
– Was macht dir zur Zeit Sorgen?
– Wo spürst du Widerstand?

Dinge feiern
– Was begeistert dich?
– Was war dein größter Erfolg im vergangenen Monat?
– Welche deiner Gebete wurden beantwortet?
– Wo hat Gott in deinem Leben etwas getan?
– Wo hast du Gottes Treue erlebt?
– Welche Meilensteine hast du erreicht?

Sich persönlich kümmern
– Was macht dir oder deinem Ehepartner im Zusammenhang mit deinem Leben Sorgen?
– Wofür kann ich beten?
– Welche Hilfe brauchst du?
– Wo erlebst du Unterstützung und Ermutigung?
– Wie fühlst du dich, wenn du auf Ablehnung stößt?
– Was hast du gemacht, um dich zu entspannen?
– Schläfst du gut?

Strategisch planen

- Fühlst du dich mit deiner Vision, deinen Werten und deiner Mission wohl?
- Hast du einen strategischen Plan zur Umsetzung? Ist dieser Plan vollständig und realistisch?
- Welche Prioritäten hast du zur Zeit?
- Wie willst du neue Leute anziehen und integrieren?
- Wie sieht deine Vision für Gemeinde aus?
- Wie funktionieren Evangelisation und geistliches Wachstum?
- Wie funktioniert die Ausbildung von Leitern?

Evangelisation und Jüngerschaft

- Mit wie vielen nichtchristlichen Familien hast du Kontakt?
- Lebst du gegenüber nichtchristlichen Menschen aufrichtig?
- Erlebst du oft, dass sich Menschen bekehren?
- Wie werden diese Menschen in die Gemeinde integriert?
- Welchen Raum nimmt Jüngerschaft in deinem Leben ein?
- Hast du im letzten Monat Zeit mit einem Nichtchristen verbracht? Wie?

Familie und Beziehungen

- Erleben andere Menschen dich als jemanden, der sich auf sich selbst verlässt oder der sich von Gott abhängig macht?
- Wie würdest du gerne geistlich wachsen?
- Wie werden die geistlichen Bedürfnisse deiner Familie erfüllt?
- Bekommt jedes deiner Familienmitglieder genug von deiner Zeit und Aufmerksamkeit?
- Wann wirst du zusammen mit deinem Ehepartner ein paar freie Tage machen?
- Wie ausgewogen ist das Verhältnis zwischen deinem Dienst und deinem Familienleben?
- Wie viel Zeit verbringst du mit deinem Ehepartner?

Zwischenmenschliche Beziehungen und Widerstände

- Wo spürst du in deiner Kerngruppe Widerstände?
- Welche Themen und Werte sind davon betroffen?
- Wie reagierst du auf Widerstand?
- Gibt es in den Beziehungen, in denen du stehst, momentan ungelöste Konflikte?
- Wann hast du zum letzten Mal Zeit mit einem guten Freund deines Geschlechts verbracht?

Zuhören lernen

- Wie und wann hörst du Nichtchristen zu?
- Wie und wann hörst du auf Gott?
- Wie und wann hörst du deinem Ehepartner / deinen Kindern zu?
- Wie und wann hörst du Leitern zu?
- Wie kannst du deine Fähigkeit zuzuhören verbessern?

Leiter und Mitarbeiter mobilisieren

- Wie ermutigst und motivierst du deine Mitarbeiter?
- Wo hast du gutes Mentoring praktiziert?
- Hast du Aufgabenbeschreibungen für Leiter und Mitarbeiter entwickelt?
- Wie und wann vermittelst du deinen Leitern Vision?
- Wie willst du deine Mitarbeiter in diesem Monat ermutigen und motivieren?
- Wie willst du die Leiter finden, die du brauchst?
- Wie willst du Leiter finden und ausbilden?
- Welche Leiter hast du? Welche Leiter brauchst du?

Gebet und geistliche Übungen

- Hast du ein persönliches Fürbitter-Team?
- Was hast du in der letzten Woche in der Bibel gelesen?
- Wo merkst du, dass du zur Zeit Gott Widerstand leistest?
- Für welche konkreten Anliegen betest du?

Zeitmanagement

- Welche Aufgaben, die du zur Zeit erfüllst, willst du an deine Mitarbeiter abgeben?
- Wie entspannst und erholst du dich?
- Wofür hättest du gerne mehr Zeit?
- Welche Zeitplantechniken oder -mittel verwendest du persönlich?
- Wie und wann sagst du nein?
- Wie viele Stunden investierst du in deinen Dienst?

Vision und Planung

- Wie bemühst du dich um Vision von Gott?
- Wie vermittelst du anderen deine Vision und deine Werte?
- Wie sieht dein Mission-Statement aus?
- Entspricht es den Kriterien eines guten Mission-Statements?
- Wie hast du in der Vergangenheit geplant?
- Welche Mittel hast du dabei hilfreich empfunden?

Charakter und Leitungsfähigkeiten entwickeln

- In welchem Bereich, der nichts mit deinem Dienst zu tun hat, solltest du nach Gottes Vorstellung wachsen?
- Welche konkreten Aufgaben kommen auf dich zu, denen du dich nicht völlig gewachsen fühlen?
- Was hast du in dieser Woche in der säkularen Presse gelesen?
- Was würde mir dein Ehepartner über deinen momentanen seelischen und geistlichen Zustand sowie über deinen Energiehaushalt erzählen?
- Wie sieht deine finanzielle Situation aus?
- Was macht dir zur Zeit am meisten Angst?
- Was verwirrt dich an deiner Beziehung zu Gott im Moment am meisten?
- Wie würdest du deinen Leitungsstil beschreiben?

– Was brauchen deine Leiter von dir?
– Für wen bist du persönlicher Mentor?

Konkret herausfordern
– Wie sehen deine nächsten Schritte aus?
– Wie viel traust du Gott zu?
– Wann willst du dich um Vision von Gott bemühen (Termin)?
– Welche Prioritäten haben für dich im nächsten Monat Vorrang?
– Wann und wie willst du dir Zeit zum Planen nehmen?
– Wie willst du das geistliche Leben deiner Gruppe fördern?

(Aus: Steven Ogne, Tom Nebel, Mentoring, Edition ACTS)

! ...Mach mit!
Auf welche der genannten Fragefelder wäre es nötig, in deiner Mentoringbeziehung einzugehen?

8. Schwierigkeiten

Auch in einer Mentorenbeziehung gibt es immer wieder Schwierigkeiten und Probleme, einige werden hier kurz aufgezählt werden, weil sie häufiger vorkommen:

– *Einlassen auf den Mentee*
Eine große Herausforderung für den Mentor ist es, sich auf den Mentee einzulassen, ihn zu fördern, ihm zu helfen

und nicht seine eigenen Vorstellungen durchzudrücken. Gerade wenn der Mentor eine starke Persönlichkeit ist, was ja wünschenswert ist, kann es dazu kommen, dass der Mentor zu dominant wird und der Mentee nur noch das macht, was der Mentor sagt. Das aber ist nicht der Sinn von Mentoring. Der Mentee soll sich frei entwickeln können und keinen Druck spüren. Als Mentor muss man immer wieder die richtige Balance zwischen Herausforderung und Zurückhaltung finden.

– *Falsche Erwartungen*
Ein großes Problem ist die falsche Erwartungshaltung von Mentoren an ihren Mentee. Die Erwartungen können zu hoch sein, aber auch zu kurzfristig oder sich einfach mit den Erwartungen des Mentee nicht decken. Falsche Erwartungen bringen meistens Enttäuschungen mit sich und zerstören gewonnenes Vertrauen. Als Mentor sollte man sich Gedanken über die eigenen Erwartungen und die seines Schützlings machen und darüber reden. Gedanken wie: „Jetzt muss er das doch kapieren!“ oder „Ich hätte das längst erkannt!“ sind die ersten Warnsignale für eine falsche Erwartungshaltung.

– *Ungewollter Egoismus*
Gerade Mentoren, die in ihrem Beruf eine große Verantwortung haben, setzen sich leicht der Gefahr aus, in ihrer Mentoringbeziehung ungewollt egoistisch zu sein. Es muss nach ihren Vorstellungen laufen, nach ihrem Zeitplan und nach ihren Ideen. Natürlich nur um das Beste aus dem Mentee herauszuholen. Selbst wenn es so wäre, ist die Methode falsch. Mentoring lebt von einer gleichberechtigten Beziehung, die durch Egoismus, auch wenn er gut gemeint ist, gefährdet und zerstört werden kann.

– *Besserwisserei*
Mentoring lebt davon, dass der Mentor sein Wissen, seine Erfahrung, seinen Glauben, seine Kompetenz an seinen Mentee weitergibt. Ein Mentor, der viel zum Weitergeben hat, kann in der Gefahr stehen, dass er auf alles eine fertige Antwort hat. Damit fordert er seinen Mentee nicht heraus, sondern weckt einfach nur den Eindruck , alles besser zu wissen. Ziel ist es aber, dass der Mentee selbst auf Lösungen kommt und der Mentor ihn auf diesem Weg begleitet, herausfordert und ihm hilft.

– *Zu lange Dauer*
Es gibt keine zeitliche Begrenzung von Mentoringbeziehungen, aber ich stelle immer wieder fest, dass zu lange Beziehungen (über Jahre) sich auch totlaufen können. Man hat sich aufeinander eingeschliffen und es ist schön, sich zu treffen, aber es fehlt die Herausforderung und das Weiterkommen. Deshalb ist es wichtig, die Beziehung immer wieder ehrlich zu hinterfragen.

– *Kraftproben*
Je nach Persönlichkeitstypen (vgl. Kapitel 2 Punkt 5) kann es innerhalb einer Mentoringbeziehung zu Kraftproben kommen, die nicht zu unterschätzen sind. Der Mentor möchte dem Mentee auf eine Art helfen, die dieser aber nicht möchte, dem Mentor ist der Mentee zu aufmüpfig oder der Mentee findet den Mentor zu stark. Dazu kommt, dass eine Mentorenbeziehung immer eine dynamische Beziehung ist, die sich entwickelt, deshalb kann es durchaus vorkommen, dass ein Mentee seinen Mentor in bestimmten Gebieten aufholt und einholt, was auch zu Spannungen führen kann.

– *Persönliche Eitelkeiten*

Eine Schwierigkeit ist, wenn man als Mentor seinem Mentee etwas Negatives sagen möchte. Es ist einem etwas aufgefallen, ein Charakterzug, eine Glaubensvorstellung oder einfach eine Verhaltensweise. Natürlich ist es wichtig, dass man so etwas in einer guten Art mit einem guten Ton sagt, trotzdem ist sowohl der Mentor als auch der Mentee „nur" ein Mensch, und es gibt kaum jemanden, der über Kritik begeistert ist. Auch wenn man darüber redet und der Mentee sagt, dass er kritisiert werden möchte, kann dies zu Verletzungen und gekränkten Eitelkeiten führen. Andersherum ist es natürlich genauso möglich. Deshalb ist es wichtig, dass eine Beziehung so offen wie möglich geführt wird und dass beide ihre Gefühle dem anderen mitteilen können (vgl. Kapitel 2 Punkt 7: Aktive Ich-Botschaften).

– *Weitere Problemfelder*

Keith Anderson und Randy Reese haben vier Gefahrenquellen für den geistlichen Mentor ausgemacht, die ich für bedenkenswert halte und auf die sich ein Mentor immer wieder hinterfragen lassen sollte:

Der Messias-Komplex: Ich halte es für meine Aufgabe, dich zu retten oder von den Kämpfen und Schmerzen deines Lebens zu befreien.

Die Problemlöser-Mentalität: Ich halte es für meine Rolle, dir zu sagen, was die richtigen Antworten sind oder dir einen Ausweg zu zeigen.

Das Macher-Syndrom: Ich halte es für meine Rolle, dich zu einem vorgegebenen Gebilde oder Produkt zu formen.

Der Weisheits-Spender-Dünkel: Ich glaube, dass ich jedes Mal, wenn ich mich mit meinem Mentee treffe, auf Verlangen Weisheiten von mir geben muss, denn ich bin eine Quelle der Weisheit und Wahrheit.

Der Ich-habe-recht, weil-Gott-mich-leitet-Komplex: Ich „als Mentor" habe einen direkten Draht zu Gott und kann dir seine Anweisungen direkt sagen, du brauchst sie nur noch umzusetzen!

! ... Mach mit!
Welche Probleme könntest du dir bei dir vorstellen? Was sind vielleicht deine Schwachpunkte?

... Mach mit!
Wenn du noch keinen Mentor hast, schreib dir die Namen von Menschen auf, die du dir in deinem Umfeld als Mentor für dich vorstellen könntest.

Kapitel 4

Der Mentee

Für den Mentee ist es wichtig, dass man nicht alles dem Mentoren überlässt, sondern selbst Initiative und Verantwortung übernimmt. Eine Mentorenbeziehung heißt nicht, einer macht alles und ein anderer lässt sich bedienen, sondern sie ist ein gemeinsames Arbeiten in unterschiedlichen Rollen.

> **!** ... Mach mit!
> Wäre es besser, einen Mentor für dein Leben zu haben, oder wäre es dir lieber, verschiedene Mentoren zu haben? Begründe deine Antwort.

1. Was heißt es, Mentee zu sein?

Für den Mentee können folgende Dinge wichtig sein:

– *Die Initiative ergreifen*
Du musst selbst aktiv werden. Warte nicht, bis dich jemand anspricht, sondern such dir einen Mentor, zu dem du dich innerlich hingezogen fühlst, der eine gewisse Anziehungskraft auf dich ausübt, sei es durch seine Fähigkeiten, seine Position oder seine Persönlichkeit. Wichtig ist,

dass es eine innere Basis zwischen euch gibt, auf die eine Mentorenbeziehung aufgebaut werden kann. Diese Basis kann durch erste Gespräche gelegt werden.

- *Mentoring heißt Arbeit*
  Als Mentee muß dir klar sein, dass Mentoring Arbeit bedeutet. Es ist keine Sache, die von alleine läuft oder für die der Mentor verantwortlich ist. Es kommt auf deinen Einsatz an. Mentoring kostet eine Menge Zeit und den Willen, an sich zu arbeiten, sowohl im geistlichen als auch im persönlichen Bereich.

- *Vertrauen ist der Anfang von allem*
  Die Grundlage für eine Mentoringbeziehung ist Vertrauen. Dieses Vertrauen muss langsam aufgebaut werden. Eine Mentoringbeziehung muss wachsen, darum erwarte nicht zu viel, besonders am Anfang. Ich habe immer wieder festgestellt, dass viele Mentoringbeziehungen wegen der zu hohen oder unterschiedlichen Erwartungen auseinanderbrechen. Deshalb setze weder dich noch deinen Mentor unter Druck.

- *Erwartungen abstecken*
  Sprich mit deinem Mentor über deine und seine Erwartungen, setzt euch gemeinsame Ziele und macht einen Zeitplan. Damit sind schon viele Missverständnisse aus dem Weg geräumt.

- *Sei bereit zu lernen*
  Viel wird von deiner Haltung abhängen. Sei offen und vor allem bereit zu lernen. Sehne dich danach zu wachsen und dich zu verändern. Deine Haltung kann den Mentor motivieren.

– *Sei kritisch*
Dein Mentor ist auch nur ein Mensch und kann sich irren. Prüfe vor Gott, ob die Ratschläge etc. tatsächlich richtig sind.

– *Übernimm Verantwortung*
Dieser Punkt wurde schon einige Male angesprochen, weil er so wichtig ist: Du musst Verantwortung für die Mentoringbeziehung übernehmen. Verlass dich nicht in allem auf den Mentor. Was willst du? Sprich über Fragen und Probleme, bereite dich auf die Gespräche vor.

! ... Mach mit!
Notiere einige Gebiete in deinem Leben, wo du das Gefühl hast, einen Mentor zu brauchen, der dir darin weiterhilft.

2. Warum brauche ich einen Mentor?

Das Verlangen nach einem Mentor kann nur aus dir selbst kommen. Entweder hast du die Sehnsucht und wünschst dir Hilfe in verschiedenen Bereichen deines Lebens oder du willst es nicht. Dieser Wunsch ist die Voraussetzung, dass eine Mentoringbeziehung überhaupt entstehen kann. Es ist äußerst schwierig, miteinander zu arbeiten, wenn einer oder gar beide eigentlich nicht wollen.
Ich habe am Anfang beschrieben, dass ich diese Sehnsucht

schon lange in mir spürte, lange keinen Mentor hatte, da ich auf meinen „Supermentor" wartete. Mittlerweile habe ich das Warten aufgegeben und mir drei verschiedene Mentoren für drei verschiedene Bereiche gesucht. Ich möchte an meinem Beispiel beschreiben, warum ein Mentor eine große Hilfe für das eigene Leben sein kann.

Ich habe bei mir festgestellt, dass es drei große Bereiche in meinem Leben gibt, in denen ich mir Hilfe wünsche:

(1) In meiner **Persönlichkeit**: Ich bin sehr impulsiv, was Vorteile hat, aber manchmal auch große Schwierigkeiten geben kann. Ich kann Leute sehr gut leiten und führen, aber leider auch sehr destruktiv und stur sein. So könnte ich noch viele Dinge aufzählen und ich bin Gott dankbar für meine Gaben, aber jede Gabe ist auch Aufgabe, und ich merke, dass ich alleine oftmals nicht weiterkomme. Seit zwei Jahren treffe ich mich etwa alle vier Wochen mit jemandem, mit dem ich über diese Bereiche meines Lebens reden kann. Ein Mentor zur Persönlichkeitsentwicklung sozusagen. Ich merke, wie gut mir das tut und wie ich langsam Schritte der Veränderung gehe. Vertrauen wächst, und ich fühle mich sehr wohl bei unseren Treffen, vor allem weil es mir die Chance zur Reflektion über mich selbst gibt, die ich mir sonst einfach nicht nehmen würde.

(2) In meinem **geistlichen Leben**: Hier habe ich die Sehnsucht nach einer kontinuierlichen, tiefen Begegnung mit Gott. Aber leider stelle ich immer wieder fest, dass ich durch die verschiedensten Faktoren wieder an die Oberfläche getrieben werde. Besonders im Gebet, insbesondere in der Fürbitte, habe ich meine Probleme. Seit einem Jahr treffe ich mich mit einem Ältesten der Gemeinde, der dieses Anliegen teilt, alle zwei Wochen für einen

Abend zum Austausch über Anliegen und zum Gebet. Natürlich könnte man hier jetzt von einer Gebetszelle reden und nicht von Mentoring, das ist auch nicht ganz falsch und war auch so geplant. Doch mittlerweile ist diese Gebetszelle zu einer gegenseitigen Hilfe und einer offenen Beziehung geworden, die mehr als „nur" Gebetszelle ist. Wir wollen unser geistliches Leben wirklich verändern, uns gegenseitig dabei helfen und füreinander einstehen, uns ermahnen und ermutigen auf dem Weg mit Jesus. Eine gleichberechtigte Mentorenbeziehung, die ich sehr schätze.

(3) In meiner **Tätigkeit als Pastor**: Ich erlebe viele Höhen und Tiefen, wunderbare Erfahrungen durch das Wirken Gottes und unbegreifliches menschliches Versagen, das verletzt und kaputt macht. Beides gehört zum Gemeindealltag und beides muss richtig eingeordnet und verarbeitet werden. Dabei ist es mir eine große Hilfe, dass wir zwei Pastoren sind, ein Seniorpastor sozusagen und ich. Diese Konstellation bringt natürlich auch die eine oder andere Meinungsverschiedenheit mit sich, ist für mich aber ein unbeschreiblicher Segen. Alle zwei Wochen habe ich die Möglichkeit, mich mit dem Seniorpastor zum Austausch und Gespräch zu treffen. Ich kann meine Ideen, Erlebnisse und Wünsche einbringen, aber auch meinen Frust und meine Enttäuschung. Ich bekomme kompetente Hilfe von jemandem, der schon jahrelange Erfahrung in dem Job hat und dazu noch eine gute Menschenkenntnis. So habe ich die Möglichkeit, in das Amt des Pastors hineinzuwachsen, Fehler machen zu können und aufgefangen zu werden.

Diese drei Felder des Mentoring in meinem Leben überschneiden sich ab und zu, was sich gar nicht vermeiden lässt, aber ich merke, dass ich dadurch an geistlicher Reife, Persönlichkeit und Kompetenz gewinne, nicht immer in dem Maß, wie ich mir das vorstelle, auch mit Rückschlägen und Enttäuschungen, aber in einer Kontinuität, die mir sehr gut tut.

! ... Mach mit!
Welche Eigenschaften muss ein Mentor haben, dass er dich im Glauben und deiner Persönlichkeit weiterbringt?

Wer braucht einen Mentor?
Frauen und Männer, die eine innere Sehnsucht nach geistlichem Wachstum und persönlicher Veränderung haben und sich dabei von einem Erfahreneren helfen lassen möchten. Jemand, der denkt, er kann und weiß schon alles (besser), wird es in einer Mentorenbeziehung eher schwer haben. Jemand, der denkt, er brauche das nicht, soll sich auf so etwas auch nicht einlassen. Die innere Bereitschaft, sich auf einen längeren dynamischen Prozess einzulassen, ist die Grundvoraussetzung für einen Mentee (und einen Mentor).

! ... Mach mit!
Ein paar Fragen sollen dies vertiefen:
Was hat bisher meine geistliche Entwicklung geprägt?
Welche Erfahrungen habe ich bisher mit einem Mentor gemacht?

Woher kommt der Wunsch, einen Mentor zu haben?
In welchen Bereichen meines Lebens wünsche ich mir Hilfe?

... Mach mit!
Wen könntest du dir als deinen Mentor vorstellen? Schreib einfach die Namen auf.

3. Wie kann ich einen Mentor finden?[13]

Mentoren fallen nicht vom Himmel. Es ist gar nicht so einfach, jemanden zu finden, zu dem man eine vertrauensvolle Beziehung aufbauen kann und der gleichzeitig auch noch in Persönlichkeit und Wissen kompetent ist. Die folgenden Punkte sollen beim Aufspüren von Mentoren behilflich sein:

3.1 Beschreibe die Fähigkeiten, die du ausbauen möchtest.
Schreibe dir genau auf, wo du denkst, dass dich ein Mentor weiterbringen müsste, wo deine größten Probleme und Defizite sind. Welche Fähigkeiten möchtest du bei dir trainieren?

3.2 Formuliere deine Erwartungen.
Sei dir darüber im Klaren, was du überhaupt willst. Formuliere deine Erwartungen an den Mentor: Wo soll er dir weiterhelfen, wo brauchst du konkret seinen Rat, was möchtest du von ihm lernen? Versuche das klar und verständlich aufzuschreiben.

3.3 Gebet

„Gebet ist nicht die fromme Soße über einem menschlichen Konzept."[14] Gebet ist die Grundlage, den richtigen Mentor für dich zu finden. Bitte Gott, dass er deine Gedanken lenkt, dir die Augen öffnet und dich auf die richtige Person hinweist. Gott ist daran interessiert, dass die Beziehung zwischen ihm und dir besser und intensiver wird. Warum sollte er dir nicht eine Person an deine Seite schicken, die dir dabei hilft?!

3.4 Öffne deine Augen und sende Signale

Sei wachsam und beobachte die Menschen in deiner Umgebung. Von wem könntest du etwas lernen? Zu wem fühlst du dich hingezogen? Aber bleib nicht passiv, sondern sende Signale zu diesen Menschen, dass du von ihnen lernen willst, dass du an einer Beziehung interessiert bist. Ein echter Mentor hat sensible Empfänger für solche Signale.

3.5 Sprich die Person an

Leider ist es oftmals so, dass die Personen, die man sich aussucht, wenig Zeit haben. Lass dich davon nicht abschrecken. Mach einen Termin aus und bereite dich darauf vor (siehe Punkt 1 und 2). Erkläre ihm/ihr, was du möchtest, und versuche die Erwartungen von beiden Seiten abzuklären. Fordere nicht gleich eine intensive Beziehung mit einem Treffen wöchentlich, sondern lasst die Beziehung wachsen.

! ... Mach mit!

Versuche die Schritte ganz praktisch durchzugehen. Lass dich nicht gleich abschrecken, wenn dir niemand einfällt oder du eine Absage bekommst. Gott weiß, wer richtig für dich ist.

4. Die wichtigsten Themen für einen Mentee

Jede Mentoringbeziehung muss ihre Themen selbst herausfinden und besonders die Mentoren müssen Feingefühl und Gespür entwickeln, wo ihr Mentee Ermutigung, Kritik, Hilfe braucht. Natürlich werden die Themen auch von dem persönlichen und geistlichen Stand der einzelnen abhängen. Ein 15jähriger befindet sich auf einer ganz anderen Entwicklungsstufe und hat somit auch ganz andere Probleme als eine 28jährige verheiratete Frau. Aber auch in einer Mentoringbeziehung gelten oftmals die Grundfragen des Lebens, die uns Menschen schon von Beginn an beschäftigen:

4.1 Wo komme ich her? Was hat mich geprägt? Was ist meine Geschichte? Warum ist mein Leben bisher so gelaufen?

4.2 Wo gehe ich hin? Wie kann ich mein Leben gestalten? Wie sieht die Zukunft aus? Wie kann ich mein Leben bewältigen?

4.3 Wer bin ich? Warum denke und glaube ich, was ich denke und glaube? Was macht mein Leben lebenswert? Wie gehe ich mit mir selbst (meiner Persönlichkeit / meinem Charakter) um?

4.4 Wer ist Gott? Welche Rolle spielt Gott in meinem Leben? Wie sieht mein Gottesbild aus und warum sieht es so aus? Wie gestalte ich meine Gottesbeziehung? Wie gehe ich intellektuell und emotional mit Gott in meinem Leben um?

Weitere wichtige und immer wieder aufkommende Themen aus meiner Erfahrung als Mentor und Mentee sollen hier kurz skizziert werden:

- *Erkenne dich selbst*
  Eine Grundfrage zur Findung der eigenen Persönlichkeit ist die Suche nach sich selbst. Die Frage, was Stärken und Schwächen sind und wie man damit umgehen kann. Vor allem, wie man mit Schwächen an seinem eigenen Charakter umgeht.

- *Erkenne deine Bedürfnisse*
  Welche Bedürfnisse habe ich? Wo sehne ich mich nach Hilfe? Manchmal sind diese persönlichen Bedürfnisse klar, aber es fällt einem schwer, darüber zu sprechen, Schwächen und Bedürfnisse zuzugeben. Aber es hilft sehr, wenn man erst mal weiß, was man eigentlich will und braucht.

- *Erkenne deine Defizite*
  Was eben schon angesprochen wurde, soll noch einmal konkretisiert werden. In einer Mentoringbeziehung geht es um eine Entwicklung und um einen Prozess der Selbsterkenntnis für den Mentee. Er soll sich weiterentwickeln und in vielen Richtungen positiv entwickeln. Dazu gehört, dass der Mentee seine Schwachpunkte und Defizite erkennt und bereit ist, daran zu arbeiten. Dafür gibt es direkte und indirekte Möglichkeiten. Direkt bedeutet, dass der Mentee dem Mentor die Schwächen sagt und sie gemeinsam daran arbeiten und Lösungen suchen. Die indirekte Methode ist, dass man über gemeinsames Material (vgl. Kapitel 2 Punkt 3) oder Bibelstudium über diese Schwächen ins Gespräch kommt, also über „neutrale“ Umwege. Beide Wege sind möglich.

Weitere Themen können sein:
- Familiensituationen
- Arbeitsplatzprobleme
- Leiterschaft
- Geistliches Wachstum (Höhen und Tiefen)
- Konfliktlösungen

! ... Mach mit!
Welche Themen sprechen dich am meisten an?

Hilfen für die Vorbereitung eines Mentorengesprächs
Da es wichtig ist, Verantwortung zu übernehmen und sich auf das Gespräch mit seinem Mentor vorzubereiten, sind hier einige hilfreiche Fragen, die den Mentee auf die Gespräche mit seinem Mentor vorbereiten können:[15]
- Habe ich für diesen Mentor gebetet?
- Habe ich meine Notizen von vergangenen Treffen durchgesehen?
- Habe ich effektive Mentoring-Fragen entwickelt?
- Bin ich bereit zuzuhören?
- Welche persönlichen Nöte und Anliegen des Leiters sind mir bekannt?
- Welche dienstlichen Anliegen und Probleme sind mir bekannt?
- Welche Themen oder Probleme vermeide ich?
- Welche Fertigkeiten müssen entwickelt werden?
- Welche Materialien wären hilfreich?
- Wie will ich diesen Mentor ermutigen?
- Wie will ich ihm Vision für seinen Dienst vermitteln?
- Wie will ich unsere Mentoringbeziehung stärken und fördern?

!... Mach mit!
Wie möchte ich mich für ein Mentorengespräch vorbereiten?
Was erwarte ich von mir selbst?

5. Vom Mentee zum Mentor

Das große Ziel eines Mentees heißt, selbst einmal Mentor zu werden und somit die Kette der Mentorenschaft weiterzuknüpfen. Wir können am biblischen Beispiel von Barnabas (vgl. Kapitel 1 Punkt 6) die Auswirkungen auf die gesamte erste Christenheit beobachten. Ich würde mir nichts mehr wünschen als eine Mentoringbewegung in Deutschland. Reife Christen werden sich ihrer Verantwortung bewusst und geben von ihrer Erfahrung, ihrem Wissen etwas an jüngere Christen weiter. Leider scheitert dies oftmals an unterschiedlichen Prägungen und Vorstellungen, wie man sein Christsein zu leben hat. Dabei spielen nebensächliche Dinge eine große Rolle wie Kleidung, Sprache, Musikstil, Werte etc. Ich wünsche mir, dass diese Hindernisse überwunden werden und Christus der Mittelpunkt und die Verbindung von Generationen wird und durch Generationen übergreifende Mentoringbeziehungen Potenzial freigesetzt wird.

Fünf Stufen im Mentoringprozess

Im Miteinander innerhalb einer Mentoringbeziehung ist es oftmals ein stufenloser Übergang von Mentee zum Mentor, den die Zeit mit sich bringt. Natürlich gibt es manchmal Durchbrüche in verschiedenen Bereichen, die eine be-

stimmte Entwicklungsstufe kennzeichnen. Die fünf Stufen im Mentoringprozess können eine Hilfe sein:
(1) Ich tue es, du schaust zu.
(2) Ich tue es, du hilfst mir dabei.
(3) Du tust es, ich helfe dir dabei.
(4) Du tust es, ich schaue dir dabei zu.
(5) Du tust es, ein anderer Mentee schaut dir dabei zu.

So schließt sich der Kreis für den einen und öffnet sich für den Nächsten. Dabei kann es sein, dass sich beide Kreise eine Zeit lang überschneiden.

! ... Mach mit!
Wo stehst du gerade? Bist du Mentee? Kannst du dir vorstellen, selbst einmal Mentor zu werden? Wenn nicht, was hindert dich?

6. Schwierigkeiten

Wenn Menschen zusammen sind, gibt es immer auch Schwierigkeiten, so auch zwischen Mentee und Mentor. Einige der Hauptschwierigkeiten aus meinen Erfahrungen sollen aus dem Blickwinkel des Mentee aufgezählt werden:

– *Falsche Erwartungen*
Zu den größten Schwierigkeiten zählen die falschen Erwartungen, die man als Mentee an seinen Mentor hat. Der Mentor ist kein Wundermensch und die Mentorenbezie-

hung kein Selbstläufer. Unausgesprochene Erwartungen können wie eine Wand zwischen Mentee und Mentor stehen. Deshalb ist es wichtig, die gegenseitigen Erwartungen zu verbalisieren.

– *Einen Mentor finden*
Ein weiteres Problem steht oftmals gleich am Anfang: „Wo bekomme ich einen Mentor her?" Sicherlich eine existentielle Frage, aber auch hier muss ich kompromissbereit sein und vielleicht von meinem perfekten Traummentor Abstand nehmen. Vgl. dazu in diesem Kapitel Punkt 3.

– *Zwischenmenschliche Schwierigkeiten*
Nicht alle menschlichen Kombinationen passen zusammen. Ich glaube, dass man grundsätzlich einer Beziehung Zeit zur Entwicklung geben sollte. Aber es gibt auch Konstellationen, bei denen es besser ist, sich wieder zu trennen, da es einfach nicht funktioniert. Dafür braucht man aber auch Mut und Ehrlichkeit.

– *Der Zeitfaktor*
Wie viel Zeit möchte ich in die Beziehung investieren? Wie viel Zeit möchte der Mentor investieren? Hier gibt es oftmals völlig unterschiedliche Auffassungen, die unbedingt geklärt werden müssen. Eine andere Frage ist, wie man die Zeit nutzt. Das hängt oftmals von der Persönlichkeit der einzelnen ab. Ich bin in manchen Dingen ein strukturierter Mensch, der gerne Punkt für Punkt abarbeitet. Einer meiner Mentoren liebt dagegen das kreisförmige Umgarnen eines Problems, was sehr lange dauert und meiner Meinung nach nicht schnell genug auf den Punkt kommt. Das bringt immer wieder Irritationen und Probleme mit sich.

– *Neid*

Das Gift für eine Mentoringbeziehung heißt: Neid. Neid zerstört das Vertrauen zwischen Mentee und Mentor und lässt die Beziehung von innen nach außen kaputt gehen. Natürlich soll der Mentor nicht mit seinen Gaben und Erfolgen prahlen, aber der Mentee muss auch anerkennen, das der Mentor ggf. in manchen Bereichen mehr Lebenserfahrung, mehr Wissen und eine tiefere geistliche Beziehung zu Gott hat. Neid zerstört außerdem die Fähigkeit, vom anderen zu lernen. Damit wird die Grundvoraussetzung einer Mentoringbeziehung zerstört.

– *Fehlende Motivation*

Auch eine Mentoringbeziehung kann sich abschleifen und langatmig werden. Sowohl Mentor als auch Mentee können das Interesse an der Beziehung verlieren, Dinge können einschlafen, und die Beziehung wird mehr zur Last als zur Freude. Die Gründe können unterschiedlicher Natur sein, zum Beispiel sind die Sitzungen zu langweilig, werden Aufgaben nicht erfüllt, kommen ständig Absagen von einer Seite, werden Ziele nicht erfüllt, hindern andere persönliche Probleme am Wachstum, wird Vertrauen gebrochen etc.

William Hendriks schreibt dazu: „Man kann ein Pferd zum Wasser führen, aber man kann es nicht zwingen zu saufen. Aber du kannst ihm Salz zu fressen geben!"

Ich glaube, es ist sehr wichtig, die Beziehung immer wieder zu hinterfragen und zu reflektieren und gegebenenfalls nachzuwürzen!

… Mach mit!
Wo siehst du für dich die größten Schwierigkeiten in deiner Mentoringbeziehung? Wenn du im Moment keine Beziehung hast, wo würdest du von dir aus die größten Schwierigkeiten erwarten?

7. Erfahrungsberichte

Hier kommen Leute zu Wort, die in den letzten Jahren meine Mentees waren und viel von dem bisher Beschriebenen selbst erlebt haben.

Stefan (20)
Als mir Tobias den Vorschlag machte, uns wöchentlich zu treffen, um uns über den Glauben zu unterhalten, hatte ich tausend Ausreden. Ich wusste, mein Leben war alles andere als auf Gott gerichtet, wollte es aber nicht wahr haben. Mir ging es doch gut. Ich hatte keine sonderlichen Probleme in der Schule oder mit meinen Eltern. Ich war doch Christ– oder? Ich ließ mich mehr oder weniger überreden. Während der ersten Treffen merkte ich schnell, dass ich die brennende Liebe für Gott nicht hatte. Ich wollte sie, hatte aber keine Ahnung, wie ich sie bekommen sollte.
Wir arbeiteten gemeinsam das Buch „Aufbruch zur Stille" von Bill Hybels durch. Wir nahmen uns für jede Woche ein Kapitel vor, das jeder für sich zu Hause las, und sprachen dann darüber. Wenn man sich das Gegenteil einer Leseratte vorstellt, dann bin ich das. Doch dieses Buch zog mich so in seinen Bann, dass ich manchmal schon mehrere Kapitel im

Voraus las. Mich faszinierte es wahnsinnig, wie Gott an und durch Menschen wirken konnte. Dies motivierte mich so ungemein, dass ich auf einmal, ohne dass ich es groß merkte, eine heiß brennende Liebe für meinen Gott entwickelte, dem ich vor Jahren mein Leben übergeben hatte. Eine so tiefe innere Freude, die man nicht beschreiben kann. Man muss sie selbst erfahren. Dort erfuhr ich diese Liebe, die ich bisher aus der Theorie kannte. Natürlich gab es nach dieser Zeit, als wir uns nicht mehr trafen, einige Täler. Doch nun wusste ich, wie diese Freude war und konnte mich, wenn es mir wieder mal nicht so gut ging, daran erinnern, was Gott in mir getan hatte.
Im Nachhinein bin ich Tobias unendlich dankbar, dass er mich damals überredet hat, mich regelmäßig mit ihm zu treffen.

Martina (38)
Bevor ich in die praktische Leiterschaft gestellt wurde, waren Ausdrücke wie „Mentor" oder „Mentoring" für mich etwas total Fremdes und Unbekanntes. Jetzt nach drei Jahren Mitarbeit in unserem Teenkreis in St. Georgen kann ich sagen, dass ich ohne Mentoring nicht da stehen würde, wo ich jetzt stehe.
Mir fehlte so gut wie alles, was für mich zu einer kompetenten Leiterin (vor allem für diesen Altersbereich von 13-16 Jahren) dazugehörte. Eine gefestigte, starke Persönlichkeit, Wissen, Erfahrung und ein lebendiger Glaube, der ansteckend ist und sich auch im Alltag umsetzen und praktizieren lässt. In Tobias Faix und durch die freundschaftliche Beziehung zu ihm lernte ich die Wichtigkeit eines Mentors in theoretischen und praktischen Bereichen kennen und schätzen.
Zum theoretischen Teil gehörten viele Gespräche, die mein

Vertrauen zu Tobias, zu anderen Menschen, vor allem aber zu Gott und meine Persönlichkeit von neuem gefestigt und gestärkt haben. Sie haben sehr viel Zeit in Anspruch genommen. Tobias, damals schon mein „unbewusster Mentor", hatte eigentlich immer Zeit, war immer für mich da, wenn irgendein Problem auftauchte, egal ob geistlich oder seelisch. Und es tauchten viele auf.

Im praktischen Bereich konnte ich zuerst einmal durch Zusehen lernen, wie Tobias mit Kids umgeht, Gruppenstunden vorbereitet und gestaltet und überhaupt leitet. Obwohl ich diese Altersgruppe sehr gerne mag, fiel es mir sehr schwer, einen Teil des Abends zu leiten. Das kam sicherlich daher, dass ich erstens keine christliche Prägung habe und somit auch nie ein Vorbild in diesem Bereich erlebt habe. Es gab Zeiten, in denen ich ohne die Ermutigung von Tobias sicher aufgegeben hätte. Ich hielt mich für völlig unfähig und habe oft an mir und meinen Gaben gezweifelt. Meine Einstellung ist sicher noch nicht optimal, aber überhaupt kein Vergleich zu meinen Anfangszeiten. Mentoring – nicht nur ein modernes Wort, das im Moment im Trend liegt, sondern absolut notwendig für jede Art von Leiterschaft.

Mir ist noch nie in meinem bisherigen Leben ein Mensch begegnet, der so viel Zeit und Energie in andere Menschen investiert hat wie Tobias. Aber nicht nur das, er glaubt an die Fähigkeiten seiner Mitarbeiter, schult, stärkt, ermutigt, tröstet und gibt seinen „Schäfchen" auch noch praktische Anleitung. Und immer mal wieder hatten auch Kritik und Korrektur ihren Platz, was sehr schmerzlich war in dem Moment, aber auch hilfreich und wichtig.

Die besten Voraussetzungen für einen Mentor, dass daraus gute Leiter und wieder Mentoren wachsen. Es wird nicht jeder das Glück haben, Tobias als Mentor zu haben. Aber trotzdem möchte ich jeden ermutigen, der nicht da stehen bleiben will, wo er steht, dafür zu beten, dass Gott ihm einen Menschen zeigt, der ihm Freund und Mentor sein kann. Ich bin Gott von Herzen dankbar für die Erfahrungen und meinen Mentor.

Gruppenmentoring: Fabio (18), Samuel (17), Benjamin (17), Daniel (17), Markus (18)

Vor eineinhalb Jahren hat alles angefangen, als wir von Tobias gefragt wurden (Fabio und Samuel), ob wir uns einmal pro Woche treffen könnten. Wir haben miteinander in der Bibel gelesen (Galaterbrief) und uns dann gefragt, wie wir das Gelesene in unser Leben transportieren können. Nach einer Weile kamen dann Benjamin und Daniel und etwas später Markus dazu. Seit einem Jahr sind wir jetzt so zusammen und treffen uns jeden Freitag Nachmittag. Am Anfang waren unsere Gespräche oft oberflächlich und wir haben schon lange gebraucht bis wir uns als Gruppe gefunden haben und ehrlich sein können. Jetzt können wir aber über fast alles reden, ohne dass einer lacht oder blöde Kommentare ablässt.

Normalerweise planen wir ein Programm, zum Beispiel Themen, die uns interessieren: „Gibt es wirklich eine Hölle?“, „Homosexualität“, „Todesstrafe“, „Wer bin ich?“, „Wer ist Gott?“, „Was prägt mich (meinen Glauben)?“ „Sex“ (oft), „Christsein in der Schule“ etc., aber es kommt auch oft vor, dass wir das Thema aus aktuellem Anlass kippen und über aktuelle Probleme oder Fragen reden, das ist meistens sehr gut und hilft uns wirklich, mit Problemen umzugehen. Dabei ist es nicht so, dass wir fragen und Toby auf alles antwortet, sondern eher umgekehrt: Toby hilft uns, selbst auf die Antworten zu kommen.

Es ist einfach so, dass wir diese Themen nicht so gut mit unseren Eltern bereden können und wir uns auch oft nicht die

Zeit nehmen würden, überhaupt darüber nachzudenken, aber dieser Freitag Nachmittag ist dazu echt super. Auch dass wir uns so gut verstehen, auch wenn es ab und zu natürlich Meinungsverschiedenheiten oder Streit gibt. Die einzige Grundregel, die wir haben, ist Ehrlichkeit. Jeder soll so ehrlich sein, wie es geht. Da die Gruppe geschlossen ist und wir uns alle gut verstehen, können wir wirklich so sein, wie wir sind, das tut echt gut und hilft uns, unser Leben und unseren Glauben im Alltag zu leben.
Zur Zeit haben wir das Thema „Persönlichkeit“ (nach dem DISG-Modell). Das ist total spannend und wir hoffen, dass wir alle mal selbständige Persönlichkeiten werden.

8. Praktische Übungen

Folgende Fragen sollen dir helfen und dich hinterfragen, ob du bereit bist für eine Mentoringbeziehung. Du solltest die Fragen ehrlich für dich selbst beantworten, auch wenn manche Fragen vielleicht etwas provokativ gestellt sind. Es geht hier nicht um ein richtiges Ergebnis, sondern um einen Denkprozess, der eingeleitet oder fortgesetzt werden soll. Es geht darum, deine Bereitschaft zu hinterfragen, ob du eine Mentoringbeziehung nicht nur willst, sondern auch etwas dafür tun möchtest.

Allgemeine Fragen (zur Reflexion):

- Welche Familienverhältnissen (Familienkonstellation) haben dich geprägt?
- Seit wann bist du gläubig?
- Welche Erfahrungen hast du mit Mentoring?

Fragen zum Mentoringrahmen:

- Möchtest du eine gelegentliche oder eine intensive Mentoringbeziehung?
- Wie viel Zeit (Stunden in der Woche, pro Monat, möchtest du in eine Mentoringbeziehung investieren?
- Wärst du bereit, etwas anderes dafür aufzugeben?

Fragen zur eigenen Persönlichkeit:
- Bist du mit dir, so wie du bist, zufrieden?
- Wenn nicht, in welchen Bereichen wünscht du dir Hilfe?
- Versuche, deine Stärken und Schwächen zu formulieren.

Fragen zur eigenen geistlichen Situation:

- Versuche deine momentane Beziehung zu Gott zu beschreiben.
- Gibt es einen Unterschied zwischen deinem Handeln unter Christen und unter Nichtchristen?
- Beschreibe deine Gebetsgewohnheiten

Ziele und Erwartungen:

- Was erwartest du ganz konkret von einem Mentor?
- Welche Eigenschaften braucht ein Mentor deiner Meinung nach, um dir zu helfen?
- Beschreibe deine Wünsche an eine Mentoringbeziehung.

Fragen zur Autorität des Mentors:
- Bin ich bereit, mich in eine Mentoringbeziehung einzuordnen?
- Bin ich bereit, einen Mentor als geistliche Autorität anzuerkennen?
- Möchte ich, dass auch meine Schwachstellen zur Sprache kommen?

Zum Schluss: Einfach anfangen

So, jetzt bist du gefragt. Nach all diesen Informationen und Übungen bist du gut für die Praxis vorbereitet. Schau doch einfach mal die Übungen durch und denke und bete über den Namen, die du auf deinen Zetteln aufgeschrieben hast. Für wen könntest du Mentor sein? Wer könnte dein Mentor sein?
Schieb die Entscheidung nicht unnötig hinaus, sondern nimm allen Mut zusammen und sprich die Menschen an. Gott ist mit dir! Alles Gute und viel Spaß und positive Erfahrungen bei deinen Mentoringbeziehungen.

Anmerkungen

[1] Dazu gehören: Das zentrale Problem der Selbstfindung, die Ablösung von den Eltern, die kognitive Weiterentwicklung und Integration von Werten, der Abschluss von Schul- und Berufsausbildung und die Aufnahme und Unterhaltung zum anderen Geschlecht. Vgl. W. Gernert, Jugendhilfe, UTB Wissenschaft (München: E. Reinhardt Verlag, 1993) 33.

[2] Horx, Das Zukunftsmanifest, 53.

[3] Vgl. Martin Hilb, Management by Mentoring, Luchterhand, 1997, 15.

[4] Vgl. Günter Krallmann, , Leidenschaftliche Leiterschaft, Der Auftrag Jesu zur Mission, One Way Verlag 1995, 150-156.

[5] J. Stalken, Imago Christi, London 1907, 275.

[6] John Whitemore, Coaching für die Praxis, Heyne/Campus 1998, 64-66.

[7] Vgl. Bettina Meister, Coaching-Konzepte im Praxistest, Praxis: Mitarbeiten in der Gemeinde, Nr. 77 2/99.

[8] Vgl. Dan & Susi Potter, Teenstreet Reader 1999.

[9] Günter Krallmann, a.a.O., 149.

[10] Günter Krallmann, a.a.O., 259-263.

[11] Dan & Suzie Potter, a.a.O.

[12] Steven Ogne/Tom Nebel, Coaching, Edition ACTS.

[13] Vgl. Paul Donders, Kreative Lebensplanung, S. 190-192.

[14] Ebd., 191.

[15] Nach Paul Westrink, Praxis: Mitarbeiten in der Gemeinde, Nr. 77 2/99.

Weiterführende Literatur

John Whitmore, Mentoring für die Praxis, Heyne Verlag. (ISBN: 3-453-11749-2); *Ein Klassiker, kurz, bündig, praxisnah, säkular, vor allem für Manager.*

Christopher Rauen, Coaching, Verlag für Angewandte Psychologie, Göttingen, 1999. (ISBN: 3-8017-1233-8); *Sehr gute Einführung ins Coaching mit vielen Graphiken, Schwerpunkt auf Wirtschaft und Management, trotzdem hilfreich und verständlich.*

Hermann Bayer, Coaching Kompetenz, Persönlichkeit und Führungspsychologie, Ernst Reinhardt Verlag, München, 2000. (ISBN: 3-497-01358-7); *Einführung in das Coaching als Führungskompetenz in Betrieben, oftmals für „Nichtwirtschaftsexperten" schwer zu verstehen.*

Paul Stanley & Robert Clinton, Mentoring, Verlag für kulturbezogenen Gemeindebau, CH-Grenz-Murten, 1997. (ISBN: 3-909131-02-6); *Der christliche Klassiker, fast jedes andere christliche Buch bezieht sich auf Clinton, deckt alle theoretischen und wichtigen Punkte zum Thema ab.*

Paul Donders, Kreative Lebensplanung, Schulte & Gerth, 1998. (ISBN: 3-89437-512-4); *Arbeitsbuch, das nicht nur auf Mentoring eingeht, aber sehr praxisnah und anwendbar ist.*

Paul Donders, Power Check, Schulte & Gerth, 1999. (ISBN: 3-89437-643-0); *dito, nur für Teens und Jugendliche, Schwerpunkt: Berufsfindung.*

Howard und Willam Hendricks, Man(n) braucht Freunde: Persönlich wachsen durch Beziehungen, Brunnen Verlag, 1998. (ISBN: 3-7655-1132-3); *Aus dem Amerikanischen übersetzt, ein klassisches Buch über Mentoring mit vielen Beispielen und einem Schwerpunkt auf Männerbeziehungen, leicht und gut zu lesen.*

Keith A. Anderson, Geistliches Mentoring: geistliche Partnerschaften entwickeln, die persönliches Wachstum fördern, Projektion J, 2000. (ISBN: 3-89490-319-8); *Aus dem Amerikanischen übersetzt, ein qualitativ anspruchsvolles Buch von zwei Dozenten, das einen Schwerpunkt auf Spiritualität und (geschichtliche) Vorbilder legt, nicht ganz einfach zu lesen, aber sehr interessant.*

Leighton Ford, Leiten wie Jesus, Hänssler, 1991. (ISBN: 3-7751-2691-0); *Vor allem biblische Untersuchungen über Leiterschaft, trotzdem sehr praktisch, etwas unstrukturiert.*

Steven Ogne, Thomas Nebel, Mentoring, ACTS Eigenverlag, nur über Direktvertrieb: 0931-2707590; *Sehr ausführlich, sehr amerikanisch, sehr praxisnah, sehr teuer!! Weitgehend nur für Hauptamtliche geeignet.*

Günter Krallmann, Von der Begabung zur Befähigung: 10 Schlüssel zur geistlichen Leiterschaft, Hänssler Verlag, 2000. (ISBN: 3-7751-3482-4); *Kein Buch direkt über Mentoring, aber herausfordernd; es geht um die geistliche Beziehungen zwischen Gott und uns Menschen.*

Martin Hilb, Management by Mentoring, Luchterhand, 1997. (ISBN: 3-472-03094-1); *Nur bedingt empfehlenswert, da sehr auf säkulare Manager zugeschnitten und sehr teuer.*

Peter Neumann (Hg.), Ehrenamtliche fördern in der Jugendarbeit, Mitarbeiterinnen und Mitarbeiter gewinnen, ausbilden und begleiten, ejw-Praxishilfen, Buch & Musik Verlag 1997. (ISBN: 3-932595-07-6); *Kein Buch direkt zu Mentoring, aber viele gute Ansätze und Ideen für die Begleitung Ehrenamtlicher in der Jugendarbeit.*